もう常識にはとらわれない!

50歳からのいい女

ビューティークリエイター
TAKAKO

はじめに

～新しい人生のスタートがやってきました！～

いよいよ、ここから人生の本番が始まりますよ。

まさか、あなたは「もう齢だから」とか、「今さら無理」とか、「もう、おばちゃんだから」なんて言葉を口にしていないですよね？　そういう方にこそ、内なる自分の無限の可能性に気付いていただくために、この本を手に取ってほしいんです。

いくつになっても、心がけ一つで美しさや人生の可能性というのは手に入れられます。今までのあなたの人生における思考パターンを変えることによって、簡単に思い通りの未来を引き寄せることができるんです。思わず、「そんな簡単な話が、あるわけないじゃない」と呟いたあなたにこそ、この本をしっかり読んでいただきたいと思います。

さあ、一緒に人生の新しいステージへの扉を開く時が来ました。これからのあなたには、最高にキラキラとした幸せと愛に満ち溢れた世界が待っていますよ。その世界に行くことができるかどうかは、あなた自身にかかっています。

今まで様々な人生模様を繰り広げられてきたかと思います。もう、これからは、周りの状況や周りの人たちに振り回されることなく、思いっ切り自分らしく心を開放して、最高に満足のいく毎日を過ごしていきましょう。

私はこれまで30年以上、ヘアメイクアップアーティストとして、世界中で数多くの女優さんや著名な方々の美を引き出してきました。その際に、ヘアメイクはもちろんのこと、ご本人たちが持っている内面の輝きが増すお手伝いを心がけてきました。だからこそ分かる、女性として美しく生きることの神髄をお伝えしていきます。

私は、女性として齢を重ねることが楽しくなるようなバイブル本として役立てていただけたらという思いを込めて、この本を作りました。

思考が変われば心が生まれ変わり、表情やお肌もイキイキとして、あなたの人生に勢いが出てくることは間違いないでしょう。そんなミラクルを、ぜひ体験してみてくださいね。

CONTENTS

第1章　暮らしとマインド編

第2章 美容と健康編

第3章 仕事と恋愛編

第4章 開運と引き寄せ編

第1章

CHAPTER 1

暮らしとマインド編

I

セルフ褒め上手な女になる

女性が生きていく上で、自分で自分をイキイキさせることって、すごく大切なことなんですよ。そのためには、絶対に自分に対して使うべきでない言葉というのがあります。それは、「もう齢だから」という言葉。そういったマイナスの言葉を口にしていると、自分に呪いがかかってしまって、身動きが取れなくなった挙句に更年期を呼び起こしてしまいます。そもそも、「更年期障害」という言葉は、日本にしか存在しません。

潜在意識というのは、使い方一つで魔法になるんです。だからこそ、自分で自分にどれだけプラスの言葉を掛けてあげられるのかが重要。「私はまだ大丈夫」、「私はもっと成長できる」などのプラスの言葉を掛けて、自分を励ましてあげてください。鏡を見る時にも、「お肌がくすんでいるなあ」、「しわだらけだなあ」なんて嘆くのではなく、「もっと可愛くなれる」、「もっと愛され顔になれる」、「私ってキレイだなあ」というようなプラスの言葉を自分に掛けてあげることが大切なんです。特に、体調が今一つの日やお顔がくすんでいる日にこそ、自分を褒めてあげるようにしましょう。

セルフ褒め上手になった女性というのは、目の前の相手のことも褒められるようになります。その結果、波動エネルギーが上昇して、どんどん人生がいい方向に進んでいくんです。この世の現象というのは、実は全て波動の影響を受けています。中には、波動という言葉を聞くと、「宗教がかっている」と毛嫌いする人もいますが、人間は誰でも、波動の低い所へ行ったら嫌な感じがするし、波動が高い所に行ったら気分が良くなります。これが、エネルギーや波動の正体なんです。

だから、「仕事が見つからない」とか「パートナーが見つからない」などと常に嘆いている人というのは、自分の波動を自分で引き下げてしまっているんです。もし、その環境から抜け出したければ、まずは、自分の波動やエネルギーを引き上げること。そのためには、自分のセルフイメージを引き上げることが肝心です。

どういうふうに過ごしていると自分は心地がいいのか、どういう自分でいられたら理想的な人生を送れるのか、そういった理想の自分を心に描くことで、思い通りの人生が引き寄せられるようになるんです。

✿ セルフイメージを引き上げることで、理想的な人生が手に入れられる

2 いい女の幸せとは

たとえば、「私はセレブになりたい」、「セレブな暮らしをしたい」と願っている女性がいるとします。そういう女性にお伝えしたいことは、「あなたが本気で望めば、今すぐにでも、そういった暮らしが手に入りますよ」ということです。

そのためには、まず、「あなたはセレブな暮らしに相応しい女性ですか？」ということを自分に問いかけてみてほしいんです。また、セレブに相応しい行動や考え方、服装やメイク、食などについても考えてみてください。

セレブにも色々なタイプがいます。そのため、何をもって「セレブな暮らし」と言っているのかが重要です。その辺のイメージが漠然としたまま、ただ「お金持ちになりたい」、「優雅に暮らしたい」といったところで、本人が具体的に思い描けていないものは引き寄せることはできません。

おそらく、齢を重ねてくると、何が幸せかというのは、人によって全然違ってくると思います。若い頃は、いい家に住むことや、いい車に乗ること、食べたいものを好きなだけ食べられること、ブランドものに囲まれて暮らすこと、そういったことを幸せと思っていた時期があったかもしれません。でも、実際にこの齢になってみたら、愛情いっぱいの旦那様と、お味噌汁に卵かけご飯といったような、慎ましやかな食卓を囲んで、二人で愛し合って生きていくことが一番幸せという人も出てくると思うんです。

あなたに考えてほしいのは、これからの幸せというのは、自分が心の底から求めているものであってほしいということ。私は「幸せ引き寄せセミナー」を開催して、「幸せ引き寄せ顔」について雑誌で連載もしていますが、そこで問いかけていることは、「あなたにとっての幸せは何ですか？」ということです。

もし、旦那様やパートナーがいるのなら、「自分たちにとって何が幸せか」ということを、今一度、話し合う時間も必要になってきます。せっかくご縁があって、二つの魂が一つになったのですから、家族として今後どのようにやっていきたいかをきちんと話し合ってみてください。ある程度の年齢になると、どんな人でもそれなりに経験を積んできていますし、長年、生きてきた知恵もあります。今だからこそ、パートナーや自分自身としっかりと向き合ってみることで、新たな道が開けてくるかもしれませんよ。

パートナーや自分と本音で向き合うことが必要

3 脳の中に、自分の年齢の数字を書き込まない

日本というのは島国のせいか、定型的な考え方をする女性が多いような気がしています。たとえば、「○○歳になったら結婚して子供を産むのが女性としての幸せ」というような考えが今でも定着していますよね。

18歳で単身でロンドンに渡って以来、アメリカやアジアなどを中心に世界中で仕事をしてくる中で、様々なタイプの女性たちを見てきました。海外の女性を見ていて思うことは、日本人のように年齢にこだわる女性は、ほとんどいないということです。だから、日本の女性たちも彼女たちを見習って、脳内に自分の年齢を書き込まないようにするのがいいんじゃないかと思います。

実は、書類などで氏名の後に年齢を書かされるのは日本だけで、アメリカだったら、まず年齢を聞かれることはありません。それよりも、「今のあなたには何ができますか？」ということを問われます。

今のアメリカとかヨーロッパのグローバルスタンダードでは、女性の年齢というのはそれほど重要な要素ではありません。むしろ、女性が年齢を重ねるごとに成熟したマダムと

して認められて、女性としての扱いが良くなっていくんです。特に、フランスでは、「50代の女性が最も人気がある」といわれるぐらい、50代以降の女性たちは優遇されていますから。

日本では、「若ければ、若いほどいい」といった考え方が世の中に浸透してしまって、10代、20代の女性たちがもてはやされていますよね。そして、30歳を過ぎると、もう「おばさん」扱いですから……。でも、あなたが最近になってからそういうことを言われる頻度が急に増えてきたとしたら、その時は自分にも落ち度がある可能性があるので、冷静に鏡を見てみてはどうでしょうか。

そんな日本の状況ですけど、大人の女性の魅力が分かっている紳士と巡り合えれば、いくつになっても心豊かに暮らせます。どうか、これからは、「キレイすぎる大人のいい女」になることを目標に、日々口にする食べ物や洋服、メイクや髪型などにも気を配って、自分に手間もお金もかけてあげてくださいね。

手間をかけた分だけ結果が出るのが、大人の女性なんです。

キレイすぎる大人の女性を目標にする

4 自分を愛するには

大人になっても、自分のコンプレックスと折り合いが付かないで、悩んでいる女性というのは多いですよね。コンプレックスを克服するためには、思い切って自分のダメなところや嫌な部分というのを1枚の紙に書き出していくといいですよ。自分の嫌な部分を書き出したら、次に、自分の好きな部分や、これだけは誰にも負けない部分というのを、もう1枚の紙に書き出していくんです。

自分のいいところと悪いところを全て書き出したところで、両方を見比べながら、自己分析をしていきましょう。すると、自分には欠点だけでなくて、思っていた以上に褒めるところがあったとか、嫌な部分よりも好きな部分のほうが遥かに勝っていたとか、あるいは、ちょっと自分に対して厳しすぎるかもしれないとか、色々なことが分かってくるんです。

中には、「とても1枚の紙には書ききれません」という方もいらっしゃるので、そういう人は1枚の紙といわずに、2冊のノートに別々に書き出しても構いません。

パートナーのいる人は、相手の嫌な部分や好きな部分を書き出していって、最後に「せ〜の」の掛け声と共にお互いに見せ合うのもいいかも。その際に、「どんなことが書いてあっても、絶対に怒らない」と、事前に約束しておくようにしてくださいね。そこで、言い合いになってしまっては、元も子もありませんので。

たとえ、パートナーから耳が痛いようなことをズバリと指摘されても、そこを素直に受け入れて、自分を変えられるかどうかが肝心。やはり、どんな年代になっても、素直に相手の意見を聞き入れられる人というのは、幸せになっていけるような気がします。

自分自身を評価して、自分探しをするためには、いいことも悪いことも、全部書き出していくのが一番。そうすることによって、しっかりと自分自身と向き合えるようになるんだと思います。

そもそも、コンプレックスのない人などというのは滅多にいないでしょうし、もし、「自分に嫌なところは一つもありません」なんて言っている人がいるとしたら、そんな人のほうがずっと人間的な魅力に欠けていますよね。

自分自身の欠点も含めて自分を愛せる女性こそ、魅力的なんだと思います。

自分と向き合うために、好きな部分と嫌いな部分を紙に書き出す

5 心の中に、財産を作っていく

どれだけ必死に稼いだところで、あの世に預金通帳を持っていくわけにはいきません。一方で、心の中の財産というのは、いくらでも増やすことができる上に税金もかかりません。だから、心の中にいかに財産を作っていくかが重要。心の中の財産というのは、自分の才能を磨いていくとか、心の中の充実感とか、そういった目に見えない財産のこと。そして、心の財産が満たされてくると、不思議なことに現実の貯金額も増えていくんです。

大人の女性にとって、自分に先行投資するって大切なこと。たとえば、フラダンスを習う、英会話の個人レッスンを受けるなど、自分が好きなことを始めるのに、40～50代は決して遅くはありません。自分がずっとやってみたかったことにチャレンジして、心の財産を増やしていく。そうすることによって、自然と周りに人やお金や仕事が集まってくるようになるんです。新たなチャレンジを始めるために必要なのは、勇気と挑戦力だけ。時間には限りがあるので、物事に選択と集中をして技術を極めることによって、人に感動を与えたり、人に教えられるくらいのレベルまで、きちんとその道を究めることが肝心です。

最近は自宅のマンションの一室で、クッキングスクールを開くとかエステやネイルサロンをやる人も増えてきていますよね。さらに、そこにプラスアルファでクリエイティブなものを繋げていくと、よりオリジナリティーの高いことができるようになります。たとえば、生け花のお稽古に行きつつ、お花の香りの勉強もすることによって、お花の活け方だけでなく、お花の香りを使った心の癒し方まで幅広くアレンジできますよね。

私自身、メイクアップだけでなく、顔相についても勉強していて、「お顔だけでなく心のメイクアップをすること」を心がけてきましたし、最近始めたフラダンスとメイクアップを結び付けることも考えています。

よく、「TAKAKOさんっていつも前向きに頑張っていて、キラキラ輝いていますよね」と言っていただくことがあるんですけど、それは、いくらでもやりたいことがあって、「自分をもっと高めたいな」という思いがあるから。あなたも今取り組んでいることに対して、「もっと技術を極めたい」とか、「もっと感性を磨きたい」とか、そういった気持ちが心の底から湧き上がって来るようになったら、プロ意識が芽生えてきた証拠。その瞬間から、あなたの心の財産は構築されるので、何事にもその気になって挑んでくださいね。

いい女は、自分への先行投資が大切

6 自立心と可愛げを併せ持つようにする

私が第二の故郷のように思っているのが、ニューヨーク。なぜニューヨークの街に魅力を感じるかというと、住んでいる人たち全てが、国籍や年齢を気にすることなく、思いのままに開放的に暮らしている姿が素晴らしいからです。そんな人たちが集まっているので、とにかく、エネルギーに満ち溢れた場所なんです。

たとえば、真夜中のバーにファンキーなおじいちゃんがカップケーキの詰め合わせを持って一人で現れて、「今日は、僕の80歳の誕生日なんだよ」と言って、バーにいるお客さん全員にケーキをふるまって、バー全体がおじいちゃんの誕生会の会場になってしまうようなシーンにも出くわしました。ニューヨークという街は、周りを巻き込みながら自分の人生を映画のワンシーンのように作りあげていくことができる、不思議なパワーに満ちています。パワフルなおじいちゃんの中には体を鍛えている人も多くて、70歳を過ぎて、1時間近くも古いハーレーダビッドソンを飛ばしてバーにやってくるという猛者もいました。ニューヨークという街には、いくつになっても、自分流のライフスタイルを楽しんでいる大人たちが男女問わず大勢います。本当に、彼らの開放的な精神は素晴らしいですよね。

この本を手に取ってくださっている女性の中には、今までは誰にも寄りかからずに、自立して頑張ってきた方もいらっしゃると思います。そういう方は、これからは少し男性に甘えることも覚えたほうがいいかもしれませんね。

日本の男性が好む女性像というのは、心が優しいとか、甘えさせてくれるとか、男を立ててくれるとか、そういった古典的なタイプのようです。だから、そういう部分も意識しながら、上手く男性に甘えていくことも大切かなと思います。

身近にいる男性に上手く寄りかかりながら、「あなたのお蔭よ」、「頼りにしているわよ」という言葉を心から言えるようになると、相手の男性も俄然、やる気を出してくれるようになります。私自身、50歳近くまでは、むしろ男の人から頼られてばかりだったので、今のパートナーには、上手く甘えるように心がけています。

大人の女性は、ニューヨークの人たちのような自立した女性としてのファンキーな部分と、周りの男性に甘えられる可愛げの両方を併せ持っているのが魅力的だと思いますね。

いい女は、甘え上手

7 自分のことは、一番分からない

自分のことを理解するためには、素直になることが大切です。人というのは歳を重ねてくると、人からの意見や批判を素直に聴けない人が増えてきます。「私はこうやって生きてきたから」とか、「ずっとこのやり方でやってきたから」なんて言い訳をしつつも、「でも、自分のことだけは分からないのよね」と言っている人が沢山います。この齢になると、周りから注意されることも少なくなってくるので、本来は、「言われるうちが花」なのに、それに気付けない人も多いですよね。

特に、自分が尊敬している人や偉業を成し遂げている人たちからの意見というのは、的を射ていることが多いです。もし厳しい意見を言われてカチンとくるとしたら、おそらくそれが図星だからでしょう。だから、口答えはしないで、素直に自分へのアドバイスを聴き入れるようにしましょう。自分を理解するためには、人から否定されている部分をきちんと受け止めることが肝心なんです。

いくらパートナーを変えても、いつも同じようなトラブルに巻き込まれる人というのは、友達や職場での人間関係においても、同じような問題を引き起こしがち。そういう人は自分のことが分かっていないので、相手が変わったところで、同じような揉め事を繰り返してしまうんです。自分のことを理解するためには、自分の「取扱説明書」を書くのがお勧め。「自分はこういうことをされると機嫌が悪くなる」とか、「お腹が空くと怒りっぽくなる」といった自分の弱点を書いていくんです。自分自身と心の底から対話することによって、自分という人間が理解できるようになるでしょう。

私自身、自分のことが理解できるようになったのは、つい最近のことです。それまでは、人から意見を言われたり、批判されたりすると、すぐに口答えをしていました。でも、最近は、ひとまず言いたいことは飲み込んで、相手の言うことを素直に受け止めるようにしています。おかげで、大分、俯瞰的に自分のことが見られるようになってきました。

最近になって母から、「最近、あなたは性格が穏やかになってきたね」と言ってもらえるようになりました。親というのは、本当にわが子のことを冷静に見ていますよね。いつも冷静な意見をくれる母には、本当に感謝しています。あなたも周りの人たちのアドバイスに、素直に耳を傾けてみてはどうでしょうか。

いい女は、自分の取扱説明書を持っている

8 自分の枠を外す

私は仕事柄、世界中の女性たちと接してきていますが、日本の女性というのは、「女性というのはこうあるべきだ」とか、「女性というのは男性に仕えるものだ」などといった考えに囚われているような気がします。日本という枠組みの中で物事を捉えがちなので、大陸に住んでいる人たちと比べると、どうしても考えが小さくまとまる傾向にあるんですが、一方、欧米やアジア大陸の女性たちは、広い視野で物事を捉えています。

インドや中国、韓国などのアジア諸国は、ヨーロッパ大陸と陸続きなので、ヨーロッパの文化や言葉などが、自国の文化に融合されています。最近は日本でも、かなり外国人が増えてきていますが、あいかわらず日本という島国の小さな社会に自分を閉じ込めて生きている女性が多いのは非常に残念に思っています。もう少し、「世界は自分の庭だよ」というような感覚で、自分の枠を外せるような女性が増えてくるといいですね。

たとえば、身近な人たちとの付き合いだけで人生が終わっていくのか。あるいは、もっと大きな世界観でもって、自分の人生を捉えていくのか。グローバルな視点で物事を見ていくと、「自分の悩みというのは、とてもちっぽけなことなんだ」ということが理解できるようになります。今、世界で何が起こっていて、どれくらい自分たちが恵まれた環境にいるのかということを認識できれば、日本がいかに平和かというのが分かりますよね。

ニューヨークに行くと、現地の友達から、「日本は竜宮城だ」とか、「日本人は平和ボケしている」なんて言われます。でも、その平和なはずの日本で、沢山の人が病んでいたり、自殺者が増えてきているというのも、おかしな話ですよね。

もし、いつも同じような登場人物に囲まれて、同じような風景ばかりを見ているとしたら、出会う人や場所、興味の対象などを変えていくことによって、これからはもっと居心地のいい自分のための居場所を作れるかもしれません。そのためには、現状を変える勇気を持って、新たなことに挑戦することが肝心なんじゃないでしょうか。

たとえば、いつもと違った場所に出かけてみる、今まで興味のなかった分野の本を手に取ってみる、自分とは立場の異なる人たちとの会話を楽しんでみるなどして、自分の視野を広げてみてはいかがでしょうか？　きっと、新たな自分を発見できることでしょう。

グローバルな視点を持つことで、新たな挑戦ができる

9 大切なのは、気配り、目配り、心配り

気配り、目配り、心配りというのは、人生で成功するためには一番大切なものだと思います。しかもお金もかかりません。でも、なかなか実践しようとする人がいないために、そういったことができる女性というのは、必ず幸せになっていきます。

私たちメイクアップアーティストというのは、メイクをするだけが仕事ではありません。相手の方が言葉に出さなくても、「今、何を欲しているのか」ということを察して動かなければならないんです。私は、その方が構ってほしくなさそうな時にはそっとしておきますし、反対に、話しかけてほしそうな時には、その方が喜びそうな話題を探して会話するようにしてきました。いかに相手の方が気分良く過ごすことができるかということに気を配ってきた結果、「空気のメイクアップアーティスト」と言われるようになったんです。

そんな素敵な代名詞をプレゼントされたのには理由があります。それは、私が現場に行くと、その場にいる人たちみんなが笑顔になり、大物俳優や政治家も気楽に顔を触らせてくれるようになって、スムーズに仕事が運ぶということが評判になったからです。こういった目に見えない気遣いというのは、一般の人たちにも必要。また、仕事の相手だけでなく、

家族同士や近所での人付き合い、あるいは親しい友達との関係においても同様で、そういった心配りができない人というのは、周りの人たちとトラブルを起こしやすいんです。

あなたは、「心化粧」という美しい日本語があるのをご存知ですか？　これは、「愛する人に出会うための心の準備」を意味していて、つまり、相手の方に気持ちよく過ごしてもらうための心の準備をしておくということ。自分自身が、まず、「心化粧」をしておくことで、相手の方の心の扉が開いて、心からの笑顔を引き出せるようになるんです。日常生活で出会う人たちや、関わる物事に対して、わくわくと「心化粧」をして向かえば、美しいメイクを施した時のように、カラフルで彩りのあるハッピーな時間が流れ始めます。

まずは、職場の人でも近所の人でも、あるいは友達でもいいので、自然に気配りのできている誰かをお手本にして、その人がどのように周りの人たちに接しているのかを観察してみたらどうでしょうか。そして、その目標としている人物の言動の中で、「これは素晴らしい！」と思うものがあったら、マネをしてみるといいんです。そういったことを繰り返しているうちに、いつのまにか、自分も自然と気配りのできる人になっていることでしょう。

いい女は、心化粧のたしなみがある

10 カッコいい大人の女性になろう

女性がかっこよく齢を重ねていくということはとても大切。その結果、若い子たちから「ああいうカッコいい大人の女になりたいな」と憧れられるようになります。そのためには、美意識を持って生きていけるかどうかというのが肝心だと思います。

私が若い頃に憧れていて、一緒にお仕事もさせてもらっていた業界の先輩方は大人の女性たちでした。日本でスタイリストという職業を確立して、日本のファッション業界をリードしてきた堀切ミロさんなどの諸先輩方は、すごく自信に満ち溢れていて、私は彼女たちが愚痴を口にするのを聞いたこともありません。ミロさんと電話で話した時に、人生のことで思い悩んでいた私に向かって、「象は蟻のことを気にしない」と言ってくれたことがありました。当時は、よく分かっていなかったのですが、彼女はクヨクヨしていた私に向かって、「小さなことに囚われていたら、もったいないよ。あなたは、もっと自信を持っていいんだよ」ということを伝えたかったのだと、最近になってようやく理解できるようになりました。あなたも、蟻の言うことを気にしないように心がけてみてくださいね。

当時、ミロさんから言われて納得したことの一つに、「人に対して、お節介を焼かない」

というのもあります。齢を取って、無駄なお節介にエネルギーを使う人をよく見かけますけど、ミスをしたりマナー違反をした人に対して、そのふるまいを正そうとしてしつこく責めるような会話の仕方や思考パターンを持っていると、無駄なエネルギーを使うことになります。その結果、どんどん、おばさんになっていくんです。でも、間違ったことをしてしまった人に、その間違いを責めてもしょうがないんです。

これは、あなたのパートナーやお子さんなどの身内に対しても同様で、間違いをしたほうも間違いを正そうとしたほうも、お互いのエネルギーが滞ってしまいます。一方で、誰に対してもクレームを付けないようにしていると、いつまでも若いままでいられるのです。クレームするエネルギーと時間があったら、自分のためにそれを使ったほうが得策ですよ。

当時、カッコいい大人の女性というのが私の周りには沢山いて、本当にあの時代の大人の女性たちはカッコよかったですね。そして、現在の自分がそこまでカッコよくなれているかといえば、とても彼女たちには適わないと思っています。なので、男気があるような、カッコいい生き様というのが、今後の自分の課題なんです。

カッコいい女性になりたければ、カッコいい生き様を目指す

II

自分の感情のカップを喜びで満たす

これからは、もう「誰かのために」とか、「会社のために」といった大義名分の下に行動するのは止めにしましょう。それよりも、まずは自分にご褒美を与えて、自分自身を満たすことを優先していきましょう。人間には自分の感情のカップがあって、それが満足や喜びで満たされていると、自然と周りの人たちを幸せにできるんだといいます。一方、自分のカップが満たされていないのに、相手のカップにばかり愛情を注いでいると、疲れて文句が出てくるし、心も体も苦しくなって最後には病気になってしまいます。そういう人の口癖というのは、「あなたのために、私はやっている」というもので、それって、義務感を満たそうとする偽りの自己満足です。

自分が常に満足していたら、幸せのお裾分けができます。だからこそ、自分にご褒美を与えたり、自分を機嫌良くしてあげるということが肝心なんです。ところが、それがなかなかできないのが日本人の特性。なぜかといえば、日本人というのは、仕事や恋愛をする中で、自己犠牲を美徳としているようなところがあるからです。

問題なのは、そういった自己犠牲的な生き方をしていると、自分を犠牲にしている顔つきになってしまって、いわゆる苦労感というのが顔相に表れてしまうんですよね。

人生において、様々な経験やそれに付随した感情を味わってきた人というのは、人として成熟しているように思います。でも、人生を幸せに生きていくためには、思考そのものをシフトしていったほうがいいんじゃないでしょうか。

悩みも苦労も幸せも、目には見えないものですよね。自分たちが、それに対して「これは嬉しい」とか、「これは嬉しくない」なんて勝手に判断しているわけです。つまり、目に見えないものに対して、自分でどんどん感情を増幅していっているんです。もし、自分がマイナスの方向に増幅していると気づいたら、ただちに思考を切り替えて、自分が喜べる状況に自分自身を持っていくということが大事かなと思います。

これまでと違った人生にしたいなら、あなた自身が変わるしかありません。そのためには、まずは自分の感情のカップを幸せで満たすことを優先してください。自分の感情のカップを幸せで満たして初めて、周りの人たちを幸せにするパワーが湧いてくるんです。そうやって、カップの中をハートマークで満たせる人は幸せになれるんだと思います。

自分の感情のカップを幸せで満たすことで、周りの人を幸せにできる

12 人生のメンターを探そう

今の私があるのは、母のお蔭といっても過言ではないくらい、私にとってはなくてはならない存在です。母の教育方針は一貫していて、褒めるところはとことん褒めてくれるんですが、厳しく指導されることもよくあります。

最近よく、母から「やりたい放題やってやんなさい！　あと10年よ！」と言われるようになりました。これは、仕事でもなんでも、色んな意味で熟成されていくのが、あと10年という意味です。母がその場にいない時でも、私には母の声が聞こえてくるので、その度に背筋が伸びる思いがします。まさに、母は人生のメンターに他なりません。

17〜18歳で国際的なメイクアップアーティスを目指すようになったのも、実はこの母と父のお蔭なんです。私は中学校から大学までのエスカレーター式の女子高に通っていたんですが、同級生からしつこいイジメにあっていました。母は、わが子が学校でいじめられている様子を見ながら、「このままだと、この子はダメになってしまう」と危惧したのでしょう。高校1年の夏休みに、「世界は広いのよ」と言って、1か月かけてヨーロッパを周遊する「ヤングツアー」に送り出してくれたんです。

人生の壁にぶつかった時、人はどうしても、自己否定の塊《かたまり》になってしまいますよね。でも、人生の巻き戻しをするのは不可能なので、前を向いて進むしかないのだということを、母は私に伝えたかったのでしょう。

おかげで、夏休みが終わって高校に戻った時には、もういじめていた相手のことは以前ほど気にならなくなっていました。それよりも、「高校を卒業したらメイクアップアーティスになりたい」、「そのためにはロンドンで暮らしたい」といった新たな目標で頭がいっぱいになってしまって、両親を説得することに必死でした。

最初、両親は猛反対していましたが、私が本気と分かると、最終的には快くロンドンに送り出してくれました。私は一人っ子で両親から守られて育ってきた上に、両親のどちらも、それまで海外旅行に行った経験はなかったんです。そんな中、娘のことを信頼して、広い世界に送り出してくれた両親には本当に感謝しています。

あなたも、親御さんであれ、恩師であれ、ご自分のメンターを見つけて、人生で迷った時などに、彼らの言葉を人生の指針としてくださいね。

自分が求めている世界に羽ばたこう！

13 自分との対話のススメ

大人になると、自分と対話しなくなる人も多いと思います。これからの人生を笑いながら、「最高!」と言って過ごしていきたいのであれば、もっと自分の心の声に耳を傾けるようにしてください。そうでないと、そのうちに人のアドバイスも聴けなくなって、どんどん頑固になってしまいます。そういう頑固な人というのは、自分自身を理解できていないために、怒りや恐れ、不安などといったマイナスのエネルギーでカチカチに固まってしまっています。その結果、さらに頭が硬くなって、協調性もなくなってしまうんです。

また、ある部分では、マイナスのエネルギーで固まってしまっているけれど、別の部分では心に余裕があって、人やエネルギーを受け入れるスペースがある状態の人もいます。

実は、大半の人がこのようにマイナスの塊とスペースが半々の状態で、ネガティブな面とポジティブな面の両面を併せ持っているんです。このように、ポジティブもネガティブも併せ持っていると、迷ったり、苦しんだり、笑ったり、喜んだりということが繰り返されるので、浮き沈みが激しい人生になります。

中には、どんな時でもプラス思考でいられるという人もいます。プラス思考の人は、生き方に関しても、考え方に関しても、決してぶれることがありません。プラスのエネルギーというのは、無色透明なんです。さらに、一番上のほうのステージになると、虹色とかゴールドなどといった輝かしい光に変わっていくんだそうです。そういった人たちが、「あの人って、すごくいいエネルギーに満ち溢れているよね」とか、「あの人って、すごくオーラがキレイだよね」とか、「あの人って、すごく溌溂《はつらつ》としているよね」と言われるのは、彼らの心に濁りがないからなんです。結局、「いい男」、「いい女」、あるいは「キレイな人」というのは、見た目だけの問題ではなく、内面から溢れるエネルギーを持っている人。

常に、プラスの状態で生きていると、愛と平和と調和しかない人生を過ごせるようになります。また、その領域まで達すると、「悟っている」と人から言われるようになることも。もっと人生を楽に生きたいのなら、誰もが、その領域を目指すべきでしょうね。

だから、あなたも、もっと肩の力を抜いて、自分の背中に付いている翼を広げて、人生というフィールドを思いっ切り飛び回ってみてください。そういったプラスの思考に切り替えるだけで、あらゆる物事が好転していくはずです。

常にプラス思考でいると、愛と平和と調和のある人生を過ごせる

14 バラ色のサングラスをかけよう

ここでは、あなたのことを、「姫」と呼ばせていただきましょう。なぜなら、女性というのは誰もが、自分はお姫様だという意識を常に持ち続けていることで、いつまでも、みずみずしい女性でいられるからです。

ところで、あなたは現在、旦那様や誰かに恋をしていますか？　ぜひ、「ＹＥＳ！」と胸を張って答えていただきたいですね。恋をしている女性というのは、いくつになっても、「お姫様」なんです。

以前、自分のことを、「大人思春期」と呼ぶ女性にお目にかかったことがありました。その方は大人の女性なのに、中学時代くらいの思春期にタイムスリップしてしまったかのように恋に臆病になってしまっていて、好きな彼にメール１本送るのにも躊躇しているような状態でした。この彼女に、「人生は１度きりなのよ。大人の女性として、メールぐらい送れなくてどうするの？」とエールを送ってみても、なかなか腰を上げないのです。起こってもいないことを色々と心配して思い悩むほど、無駄な時間はありません。

最近、男性が草食家していると言われていますが、女性の方までが「大人思春期」といった状態では、日本の未来はどうなってしまうんでしょう。彼女のように、恋愛に臆病になってしまっている大人の女性に伝えたい言葉があります。それは、「実は、私たちは今が一番ジューシーで、今が最高に若いのですよ！」ということです。

どうか、思い出してください。旦那様や誰かと恋に堕ちた瞬間、目の前の風景がバラ色に変わったことを。その様子は、まるでバラ色のサングラスをかけたかのようです。どうぞ、あの恋の感覚を呼び起こして、素敵な恋の甘い空気を体内に取り込んでください。まだ、恋愛対象が目の前にいないという人は、大好きな俳優やタレントと恋に堕ちた時のことを想像してみてください。そうするうちに、どんどん胸がいっぱいになって、心が弾んできませんか？　さらに、閉じたまぶたの裏側がピンク色に染まってきませんか？

これぞ、まさに、バラ色のサングラスをかけた状態なのです。このわくわくした胸のときめきが、新しい恋を始めるための磁石となるんです。

いくつになっても、世界がバラ色に見えるサングラスをかけて、心ときめく毎日をお過ごしくださいね。

バラ色のサングラスをかけると、世界がバラ色に見える

15 自分自身がパワースポット

仕事柄、沢山の人とお会いする機会が多いんですが、そんな時に、よく「パワーをもらいました」と言われることがあります。

以前、安倍昭恵お姉様から「私の人生の中で出会った、人間パワースポット3人の中の一人」と言ってもらったことがあり、この言葉はとても励みになっています。お姉様とは、私にとっても、とてもいいエネルギーが循環するような心地のいい関係なんです。

パワーというのは人から与えてもらうものだと思っている人が多いようですが、実は自分自身がパワースポットなんです。あなたはそのことに気付いていましたか？　あなた自身がエネルギー溢れる存在で、神々しい存在だということをしっかりと自覚してほしいなと思います。

自分という存在を今一度褒めてあげて、自分が生まれてきたこの奇跡に感謝しましょう。また、自分が関わっている全ての物事に感謝して、まごころを込めて周りの人たちに接するようにしていると、自ずと人間パワースポットのようなエネルギーが満ち溢れてきます。まさに、まごころと感謝の念が自分自身のパワーを引き上げてくれて、それが周りの人たちにも伝わっていくんです。

また、自分の好きなことをしたり、好きな人に会いに行ったり、好きな場所に行ったりするだけでも、パワーというのは上がってきます。さらに、自分の好きな人たちが集まっている場所に出かけて行くと、心がわくわくしますし、自分と相手との相互作用によって、お互いのパワーが上がっていきます。

お互いがパワースポットのような存在の人間関係に出会えるということは、まさに、人生の宝と言えますね。

自分自身にエネルギーが満ちてくるようになると、これから先の人生は、とても楽に生きられるようになります。そのためには、自分というものをよく知ることが肝心。

「本当の自分はどういう存在なんだろう」と考えたり、「本当の自分がやりたいこと」や「本当の自分が行きたい場所」などを、自分自身に問いかけてみてください。

ありのままの自分でいることによって、さらに、パワーが湧いてくるのを実感できると思いますよ。

自分の心が満たされてこそ、パワーが溢れてくる

16
お花の魔法の秘密

人間の五感の中でも、嗅覚というのは、味覚の1万倍の速さで脳内に到達するそうです。そのため、心地のいい香りに包まれて暮らすことは、非常に重要なこと。

もし、更年期などで気分が優れない場合には、大好きなお花やアロマの香りを小瓶に入れて持ち歩いて、気分が沈みかけたら、パッと香りを嗅ぐようにするといいですよ。お気に入りの香りを3分ほど嗅ぐことによって、脳とハートにものすごくいい影響を与えられます。私も精神的に滅入っている時などには、お気に入りのアロマの香りを嗅いで、気分をリフレッシュさせています。

香りにも色々な種類があるんですが、元気が出ない時には、満たされた気分になるジャスミンの香りがお勧め。また、寝付きが悪い人や、すぐに腹が立ってしまう人、イライラしやすい人には、リラックスできるラベンダーの香り。

パートナーとのセックスレスに悩んでいる人や、パートナーに対して不平不満の多い人には、女性ホルモンを高める効果のあるイランイランやジャスミン、ローズなどの香りをお勧めします。さらに、自律神経が乱れがちで、ワーカーホリック気味の人には、ベルガモットの香りが最適です。ベルガモットの香りを嗅ぐことによって脳内の疲れが取れて、徐々に心が落ち着きますよ。

毎日の暮らしに、お花の香りを取り入れることは、女性にとって必要不可欠じゃないでしょうか。特に、ホルモンバランスが乱れてきたり、更年期の症状が出た時に、女性にとって大事な味方となってくれるのは、アロマやフラワーエッセンス、お花だったりするんです。また、朝起きて頭がすっきりしない時や、挑戦する勇気が出てこない時に、ペパーミントを取り入れてみるのもお勧めです。

私は数あるお花の中でも、その香りを嗅いだだけで、一瞬でハワイの気分になれるプルメリアの花が大好きなので、自宅で育てています。プルメリアは南国のお花なので、寒い時期にはお部屋の中に入れてあげています。温かくなってから外へ出してあげると、一気に花弁を開いて、その素敵な香りを放出してくれるのも魅力的ですよね。

あなたも自分の気持ちが幸せになれる、お気に入りの香りを探してみてくださいね。

お気に入りのお花の香りを嗅いで、心身の不調を乗り越えよう

17 心の中に花を咲かせよう

仕事柄、色々な女性を見てきて思うことは、植物の声に耳を傾けられる女性と、そうでない女性がいるということです。

日々の暮らしの中で、植物の世話をするのは、すごく大切なこと。あとは、切り花をどれだけ長く持たせられるかというところにも、その人の思いやりが表れますね。私は、切り花が最後に花弁だけになっても、それを水に浮かべて愛でています。そうやって、一生懸命に咲いている、その花の命を見届けてあげるんです。

私の経営する会社では、社員は女性ばかりでしたが、植物をすぐに枯らしてしまうタイプと、最後まで丁寧に世話ができるタイプの二手に分かれていました。中には、植木鉢がひっくり返っていても、花瓶の水がドロドロになっていても、全く気にも留めない女性もいました。そういう女性には、植物を愛でることの大切さをお伝えするようにしてきました。

植物のケアができたり、植物を愛でたりできる人というのは、人の気持ちの機微に敏感で、人に対しても優しくできるんです。つまり、植物の気持ちが分かる人というのは、人の心も読み取ることができるということ。

よく、「植物の世話をするのが面倒」とか、「忙しいから、植物の世話をする暇がない」なんて言う人がいますが、私は、一人暮らしの人にも、ぜひ、植物は育ててほしいと思っています。なぜなら、植物と共に自分も成長ができるからです。たまに、「私が植物を育てると、みんな枯らしてしまう」と自虐的に自慢している人がいますが、そんな人にこそ、ご自分の心の在り方を見直していただきたいですね。

結婚した女性の不満として、「パートナーが花を贈ってくれない」というのがあります。心優しいパートナーから贈られる花はもちろんとても嬉しいんですが、時には、自分へのご褒美として、お気に入りの花や樹木を購入してみてはいかがでしょうか。大好きな花の香りに包まれて過ごしていると、心も身体もリフレッシュできること間違いなしですよ。

心を込めて花を贈るような感じで、旦那様やパートナーなど、周りの大切な人たちに接することができたら、とても素敵ですよね。「Flower from your heart♡」花を贈るような気持ちで大切な人に接したら、幸せが返ってきますよ。実は、あなた自身がお花のように美しく、可憐な存在なんですから。

心から花を贈る気持ちで人に接したら、幸せの連鎖が続いていく

18

こだわりを大切にする

いい女というのは、様々な場面で、こだわることの楽しさを見出していくのが得意です。口に入れるものや身に纏《まと》うもの、髪や肌につけるものなど、その一つ一つにこだわることによって、自然と美意識とセルフイメージが高まっていきます。

いい女は、得意料理の一つや二つは持っていますよね。料理が上手というだけで、人を喜ばせることもできるし、より魅力的にも見えます。実は、メイクもお掃除もお料理も全てセンスが関係しているんです。美味しいお料理を作れるということは、どんな人にも笑顔とパワーを与えられる魔法を持っているってことなんですよ。せっかくなら、その魔法の力をもっと磨いてみませんか。

私は美味しいレストランに行って、そこのお料理の味に感激したら、自宅でお料理する際にその味を再現してみたりもします。外食する時にも、ただ「美味しいね」と食べるのではなく、「どんな食材や調味料を使っているのかな?」と想像しながら料理を味わうようにしています。

お料理を作る際には、野菜辞典などを見ながら、その時の体調に合わせた野菜や食材を選んで、献立を立てたりもします。また、調味料はお料理の要となるので、お塩とオイルとおダシには特にこだわっています。やはり、買ってきたお惣菜をそのまま食卓に並べるのは、お勧めできません。ひと手間かけて味付けを変えてみたり、冷蔵庫にある野菜などと一緒に盛り付けるなどの工夫があるといいですよね。

私は、身にまとう素材にもこだわっています。たとえば、シルク素材を身に付けると、安っぽい印象にならないですよね。素材のいい洋服というのは着心地がいい上に、フォルムが変わって、見え方も違ってくるので、放つオーラがまるで違います。

いい素材を使ったコスメは肌のつけ心地が良く、質感もいいので艶感が違ってきます。このようにお料理もお洋服もコスメも素材感が大切で、素材がいいものは放つオーラが輝いているので、自然と本物の品格が漂ってくるんです。

全てのものの素材感や味わい感などに、一つ一つこだわっていくことによって美意識が高まって、気付いた時にはあなたも一流のいい女になっています。やはり、一つ一つにこだわりを持ってこその、いい女なんではないでしょうか。

いい女は、色々とこだわりを持っている

19 エネルギーが高まる場所へ

これまで生きてきて思うことは、これから先もずっと、今いる場所に住み続ける必要はないということ。地球規模で考えて、住みたい国や住みたい地域など、自分が本当に心ときめく場所に住んでみてはいかがでしょうか。実際には、「お金がないから」とか「両親の傍にいなければならないから」といった様々な事情を抱えている人も多いとは思います。でも、1度きりの人生なので、自分の魂が喜ぶことをしていくのが一番。ともかく、自分が安心できる場所に住むというイメージを持つことが大切ですね。

私は18歳の時からロンドン、ニューヨーク、名古屋、東京とずっと都会で暮らしてきました。そして、都心での暮らしに疲れた10年前くらいから海の傍で暮らすようになったんですが、それは自分の心がわくわくするからなんです。おかげで、自分のエネルギーが高まって、より良くパフォーマンスを発揮できるようになりました。都会で仕事をしてエネルギーを消費しても、海の傍に戻ってくると、またエネルギーがチャージできるんです。

都会で仕事をしていると、どうしても、ずっとオンの状態になってしまって、なかなかスイッチを切ってもオフの状態に戻れないんですよね。でも、「海の傍に住んでいる」と公言するようになってから、周りの人たちも気を使ってあまり飲み会などに誘ってこなくなったので、ほとんど夜も出歩かなくなりました。海の傍に住むようになった当初は、「都心まで仕事に通うのは大変かな」と思ってたんですが、気分が伸び伸びしているのを実感できるし、今までよりもオンとオフが切り替えられるようになったんです。

朝起きて、「ああ、肩が凝っているなあ」と思ったら、すぐに水着とウェットスーツに着替えて、海でひと泳ぎしてから仕事に行くこともありますし、ビーチでのプライベートヨガのレッスンにも参加することもあります。

私は、何か心境に変化があった時には、江の島神社の弁財天様にお参りに行くようにしています。江の島の弁財天様は芸術と美と音楽の神様で、日本最古の弁財天様なんです。そして、江の島の弁財天様の旦那様に当たるのが鎌倉市にある龍口明神社の五頭龍大神で、こちらの神社もパワースポットとして知られています。やっぱり、自分のエネルギーが高まるような場所や、自分の心と体が喜ぶ場所に住むことは、すごく大事だと思います。先輩の方々も、都会のジャングルを離れて地方に行かれる方は多いですよ。

これからは、自分の魂が喜ぶ場所に住む

20

今が一番幸せという気づき

みなさんの中には、あまりの忙しさに自律神経のバランスを崩してしまい、心や体に不調をきたして、自信をなくしているという方もいらっしゃるかもしれません。

そういう方にお伝えしたいのは、「今、こうして生かされている日々を、幸せと感じることが何よりも大事」ということ。そのことを今一度、実感してほしいんです。

私も様々なことを経験してくる中で、色々なことがあったからこそ、何気ない日常を過ごせることに感謝の念がこみ上げてくるようになりました。朝目が覚めて、海辺を散歩したり、美味しいものを口にしていると、心が穏やかになってきます。

あなたも、日常の小さな幸せを噛みしめてみてください。すると、「人生上出来！　今、こうして笑っていられる、この瞬間こそ最高！」という感謝の気持ちが心の底から湧いくるはずです。

でも、私たちはそのような奇跡を当たり前と思って暮らしています。そして、いつも「何かいいことが起きないかな？」、「もっと楽しいことはないかな？」と思って、そういうことが起こるのを待ち望んでいます。しかも、そういう人というのは、自分から何かをしようとしないで、相手にばかり求めるようになるので、次第に人が寄り付かなくなってしまいます。その結果、ますます、人生に退屈を覚えるようになって、日常が怠惰なものになってしまうんです。１度きりの人生なのに、もったいない話ですよね。

そういったマイナスのループに陥ってしまった時こそ、今、この瞬間がすでに奇跡の連続なんだということを思い出すことが大切です。すると、自然と心からの笑顔が出てくるようになるでしょう。

たとえば、いつもよりほんの10分早起きをして、窓を開けて深呼吸をするだけでも、その日の流れが変わってきますよ。私はこれを「自分で簡単にできるプチ悟り」と呼んでいます。まさに、「生きているだけで、丸もうけ」なんですよ。

また、あなたのすぐ隣にいる人に、感謝を込めて「ありがとう」と言ってみてください。相手も自分も幸せな気分になれますよ。

こうして無事に生かされている奇跡と、これからの明るく幸福な人生に乾杯しましょう。その瞬間から、目の前の景色が輝き始めますよ。

毎日、無事に生かされていることが奇跡

21 いい女は自分の楽しませ方を知っている

あなたは、現在、何か夢中になってやっていることはありますか？　今までは、自分の楽しみは後回しにして頑張ってきたのかもしれません。でも、これからは自分の時間を上手くやりくりして、何よりも楽しく過ごすことを優先してくださいね。

そのためには、本来、やりたかった仕事を始めてもいいですし、反対に、仕事ばかりやってきた人は、ちょっと自分のためにクリエイティブな時間を作るとか、お料理学校やダンス教室に通ってもいいですよね。また、自分が習うだけでなく、人に教えることで新たな発見があるかもしれません。

日本には、茶道や華道、着物の着付け、日本舞踊に書道など、様々な芸事があります。大人の女性ならば、日本文化に興味を持って、雅の引出しを増やして、また違う世界に行くのもいいですよね。日本に住んでいると、こういった雅の世界に簡単に触れることができる幸せを実感します。

世界中が注目している美しい日本の文化を、ご自分の暮らしに取り入れてみてはいかがでしょうか？　さりげない集まりや食事会などに、さらっと着物を着て出かけてみたり、自宅にいらしたお客様にお茶を立ててお出しできたりしたら素敵ですよね。また、お礼の手紙や挨拶文を美しい文字でしたためて、自分の書に気持ちを込めてお渡ししたら、それだけで素敵な贈り物になります。ぜひ、日本文化を身に付けて、ワンランク上のいい女を目指してください。

時には、着物を着て、歌舞伎や狂言などを鑑賞しに行って、優雅な時間を過ごしてみるのも大人の女性ならではの楽しみ。私は、交流のある狂言師の和泉元彌さんの狂言の舞台を鑑賞しに行くことがよくあるんですが、その度に、長年、受け継がれてきた日本の伝統文化や、日本人ならではの独特な笑いや感性に触れることができ、感銘を受けています。

あなたも、構えることなく、気軽に伝統芸能などに触れてみてはどうでしょうか。歌舞伎や狂言の世界を堪能してみることで、いい女としての世界が広がりますよ。

もし、楽しい１００歳を迎えたいのなら、何か自分の心や脳が喜ぶことを発見して、それを楽しむ時間を持つということが、すごく大切だと思いますよ。

雅の引き出しを増やして、魅力的な女性になる

22 いい女は心穏やか

これは自分でもなかなか実践できていないことなんですが、一日の中で、心を穏やかにして、自分を見つめる時間というのが必要だなあと思っています。

私は思い立った時に海を見に行くことがよくあります。水平線の彼方を見つめていると、自分のちっぽけな悩みが吹き飛んで、とても心が軽くなります。

今の人は、ずっとスマホを見ていたりして、一人になることを怖れている人が多いような気がします。一人になるということは決して寂しいことではなくて、孤独を楽しめることこそ、大人の女性の特権なんではないでしょうか。

そうやって一人で過ごしながら自分と対話をしていると、心も穏やかになってきます。穏やかな心でいると表情だけでなく、考え方も穏やかになってくるんです。

もし、イライラしそうな時には、自分にご褒美をあげるようにしましょう。自分にご褒美タイムを与えて、自分の機嫌を取れる人というのは、必ず、成功できるようになっています。そのためには、何をしていれば自分は機嫌が良くなれるかというのを、自分で把握していることが肝心。

たとえば、「ご機嫌になれるリスト」を常に所持して、イライラしそうになったら、そのリストの中から好きなものを選択してみてはどうでしょうか。お気に入りのカフェで好きなものを食べるとか、好きな作家の本を読むとか、好きな音楽を聴くとか、あるいは、好きな映画を観るとか、そういったことをまとめたリストです。

また、自分のご機嫌を取れないと、人に優しく接することもできないもの。日本人の中には、「自分を犠牲にしてでも相手が喜んでいる顔を見られればいい」というようなことを言う人もかなりいますが、まずは、自分の心を満たしてあげることのほうがずっと大切。

私の周りを見ていても、自分を押し殺して生きてきた人のほうが、歳を取ってから心と体のバランスが狂ってしまう人が多いような気がします。

大人になったら、「ＹＥＳ　ｏｒ　ＮＯ」、「好きか嫌いか」をきちんと口にできることが大切です。どうか、他の人を喜ばすことよりも、まずは、自分自身にご褒美をあげるようにしてくださいね。

✿ 心を穏やかにして、まずは自分にご褒美を

23 私にとっての癒しのスポット

毎日、時間に追われていると、時折、自然の中に出かけて行きたくなりませんか？　私が癒されたい時によく訪れているのが、静岡県の函南町《かんなみちょう》にある「酪農王国オラッチェ」で、もう10年以上通っています。

動物好きの私にとっては、何よりも、うさぎやヤギ、子豚や子牛、ロバなどの動物たちと触れ合えるのが楽しみなんです。私は「オラッチェ」を通じて、我が家にいたパンダうさぎのパンタン君や、セラピー犬のオールド・イングリッシュ・シープドッグの洸君などと巡り会うことができ、彼らはどんな時にも心の支えとなってくれました。動物というのは、無償の愛を与えてくれます。中には、ご自宅でペットを飼えない方もいらっしゃると思いますが、ここに来れば、従順で可愛い動物たちに癒されること間違いなしです。

敷地内には広大な無農薬の「ハーブ農園」と「オラッチェ農場」があり、無農薬、有機肥料で育てた野菜を購入できるのも楽しみ。敷地内にあるレストランでは、丹那盆地やこちらで収穫された野菜やハーブを使った美味しいお料理を堪能できますよ。

富士山の裾野に広がる丹那盆地は自然豊かなエリアで、乳牛の飼育には１３０年以上の歴史があります。丹那牛乳で作った濃厚なソフトクリームは、私にとっては世界一の美味しさ。また、ここで生産されているクラフトビールの「風の谷」は、日本で開催されるロックフェラー財団のパーティーでも、毎年、振舞われています。

私はオラッチェ愛が興じたあまり、数年前に、オラッチェとのコラボで、念願だった生はちみつの「ラ・フェモント（山の妖精）」というブランドも立ちあげています。生はちみつは日本全国でも生産量がわずか２％という貴重なもので、生きた酵素をたっぷりと含んでいます。この身体にいい生はちみつを手軽に取り入れられるようにと、オリジナルのキャンディーを作りました。中身はトロッとした生はちみつで、外側を丹那の牛乳で包んだキャンディーに仕上げています。ぜひ、あなたにも味わっていただきたい一品です。

このように、「酪農王国オラッチェ」は、一日中いても飽きないくらい様々な魅力があります。よかったらぜひ一度、足を運んでみてください。

何に癒されるかというのは人それぞれだと思いますので、あなたも自分だけの癒しスポットを見つけてくださいね。

自分だけの癒しスポットを発見しよう

酪農王国オラッチェ　https://oratche.com

24
人にも地球にも優しい女性になる

海の傍で暮らして海岸沿いを散歩していると、ゴミの多さに愕然とさせられます。私は時間を見つけては、特大のゴミ袋がいっぱいになるまで、海岸でペットボトルなどのゴミを拾っています。一人の時もありますし、家族や仲間たちと一緒の時もあります。その時は海に向かって、「汚してしまってごめんなさい」と謝りながらゴミを拾っていきます。

普段の暮らしの中でも、できるだけプラスチックゴミは出さないように心がけています。「海をキレイにしたい」という思いから、ロックフェラー財団が2004年に設立した「セイラーズフォーザシー」の海洋自然保護活動に興味を持つようになりました。そして、「ロックフェラーさんに会いたい」と心から願っていたところ、4年前にご本人と知り合うことができ、ご夫妻が日本にいらした時のメイクアップも担当させてもらうようになりました。海の傍に住んでいることや、「地球に優しくありたい」という共通の思いから、ロックフェラー夫妻とご縁ができたのかもしれません。

また、こちらの財団では、資源が比較的豊富なお勧めのシーフードを紹介する「ブルーシーフード」の活動も推進しています。日本では、マダイ、ゴマサバ、イセエビ、ヒラメ、ホタテ、ウルメイワシなどのシーフードがその対象とされています。海洋環境のバランスを考えて食べることを推奨されているこれらの魚介類を、毎日の食卓に並べたり、積極的に口にすることが、地球環境を守ることに繋がるというのは素晴らしいですよね。

私はペットの愛犬を選ぶ際には、ペットショップから購入しないで、セラピードッグ協会から引き取るようにしていました。この本をお読みになっている方の中には、人間関係に疲れてしまっている人もいると思います。私自身、そういったことは何度もあって、その度に、毛並みを撫でているだけで心が癒される、天使のような存在のセラピー犬やセラピーラビットの無償の愛に支えられてきました。

あなたも心の支えとして何か動物を飼おうと思ったら、直接、ブリーダーさんから入手するか、里親探しの団体から引き取るようにしてください。そういう愛のある団体から動物を引き取ることで、地球に優しくなれるのです。

地球というテーマパークに一緒に遊びに来ている仲間である動物たちと、幸せに共存していける地球にしていきたいものですよね。

地球の仲間である動物たちを大切にすることで、地球に優しくなれる

COLUMN

立木義浩先生との思い出

立木先生との出会いは、ニューヨークから帰国した直後の25~26歳の頃で、メイクアップアーティストとしては駆け出しの時代でした。

ポスター撮りなどのお仕事を一緒にさせてもらう中で、「モデルというのは鮮度が命」という言葉と共に、仕事のスピード感の大切さを教わりました。先生は仕事に対して非常に厳しく、毒舌家の面もありますが、その根底には人への優しさに溢れています。

立木先生の魅力は、何といっても研ぎ澄まされた感性と人間力ですね。先生を一言で表すなら「ダンディ」で、後ろ姿を見ているだけでも色気が漂っていて、清潔感に溢れています。

まさに、美しく齢を重ねている男性の代表格ですよね。

第2章

CHAPTER 2

美容と健康編

25 人間には、自己治癒力がある

本来、人間というのは、自分自身を癒せる力を持っています。そして、幸せになるためには、心と体と脳のバランスを一番いい状態に持っていくことが肝心。

人間は、心を開放しようとするあまり、お酒やたばこ、精神安定剤などに頼ってしまう傾向にありますが、実は、体というのは、常にその時の状態を訴えています。でも、そういった体のサインを無視していると、ある日突然、大病にかかってしまうんです。どうか、しっかりと自分に向き合って、心と体の声を聴いてあげてくださいね。

皆さんの中には、色々なことがあって、ストレスがマックス100パーセントという状態の方もいるかと思います。そういった場合、大抵の方は、お酒を飲んで気分転換を図ろうとしたり、仲のいい友人に電話で愚痴を聞いてもらったりして、ストレスを発散しているのではないでしょうか。

それはそれで大事なことです。ただ、このことによって一時的にストレスが発散できたとしても、それでは対症療法にすぎません。そういったことをしていても、根本的なストレスが緩和されない限りは、またストレスの渋滞にはまってしまうことでしょう。

実は、そういった様々な行動に頼ることなく、一番簡単に、しかもお金をかけることなく、自分自身の免疫を上げられる方法があるんです。それは心と体を思いっ切り休息させること。その時に大切なのは、休息している間は、決して携帯電話を手にしないということです。携帯電話をいじっていては休息にはなりません。これは、現代人には特に必要なことなので気をつけてくださいね。

また、免疫を上げて自己治癒力を高めるためには、自分自身の心の在り方が重要です。実際に、いつも笑顔で周りの人たちとの関係が良好な人というのは、滅多に病気にはかからないですし、反対に、いつも不平不満を言って、現状に満足できない人というのは、いつも体調が優れないということが多いんです。

結局、内なる自分の軸がしっかりぶれないこと、これが一番のパワーの源。

だから、しっかりと自分の軸足をこの大地にビシっとつけて、自分の心と体と脳がぶれないようにすることが肝心です。よく『三位一体』といいますが、心と体と脳が一体となった時に初めて、最高の状態が発揮できるようになるんです。

幸せになるためには、心と体と脳のバランスを取ることが肝心

26
心理的ストレスは、お肌に表れる

数年前、精神的にすごく辛いことがあって、丸2年間、顔中のニキビで悩まされていた時期がありました。そのうち首筋にもアトピーが出てきたので、日本中の名医と呼ばれる先生のところに片端から通っていましたが、通えば通うほどお肌の状態は悪化。その時に気づきました。お肌と心というのは切っても切れない関係にあるんだって。逆にいえば、肌が痛んでいる時というのは、心が痛んでいる時なんですね。

そんなある日、ニキビではなく、アトピー性皮膚炎でネット検索をかけてみました。すると、検索画面に「蔡《さい》皮膚科クリニック」の蔡先生の名前が上がってきたので、直感的にその先生に賭けてみることにしたんです。母に付き添ってもらって、初台にある蔡先生のクリニックを訪ねていくと、先生が奥から出ていらして、中国なまりの日本語で、「あなた、そんなんじゃ全然ダメ！　絶対に治るよ、治る！」と一気にまくし立てられました。さらに、「今までの治療も化粧も、全部止めて！　全部！」と言われて、顔から足の先まで全身の血を吸引されたんです。それで、すっかりフラフラになって、貧血にもなってしまったんですけど、「ともかく、この先生について行こう！」と決意して、先生が勧めるお茶や漢方薬なども全て、口にするようにしました。

結論をいえば、治療して身体に溜まっていた悪いものが出てきてリバウンドに見舞われた時期もありましたが、2年間苦しんでいたお顔のニキビや首筋のアトピーは、わずか数か月間で、みるみるうちにキレイになっていきました。

治療中のある時期に、母と一緒に草津温泉に療養にも行きました。温泉から上がってきたら、母が「温泉に入る前よりも、顔の肌の調子が良くなっているよ」と言ってくれたんです。そこで、鏡を見てみたら、たしかに肌の赤味が引いていて、肌に艶も出ていたんです。そこからは、加速度的にお肌の状態が良くなっていきました。

この蔡先生のところには、世界中から患者さんが通ってきています。皮膚病というのは、本当に出口の見えない難しい病気。私からしたら、この蔡先生は神様です。その後、私の友達も何人もこの蔡先生のところでお世話になっています。

皮膚病が治った今でも、月に1回は蔡先生の所に通って身体中のクレンジングとメンテナンスをしてもらっています。あなたも、自分なりのデトックス法を探してみてくださいね。

いい女になるには、心も体もデトックスが必要

27 自分ブランドを確立する

私は自分の興味があることなら、できるだけ特等席に座ることにしています。これは仕事でも遊びでも同じで、誰でもできることや誰でも行けるような場所には興味がなくて、いつでも自分の居場所をスペシャルにしておきたいんです。実は私たちの誰もが、この世に生まれてきたというだけでスペシャルな存在。そこを意識して、自分の力を思う存分発揮しようとここまでやってきました。それは、自分ブランドを確立するということなんです。

今の時代を生き抜くには、世界に通用するような、あなたの名前が付いた特等席をちゃんと作ることが大切だと思います。そのためには、自分自身がブランドになるという意識が必要になってきます。あなた自身こそが商品であり、価値があるんです。そのブランド力を鍛えていくことで、人生の荒波にも打ち勝つパワーが出てきます。

まずは、自分というブランドを徹底的に分析してみましょう。あなた自身の持ち味は何でしょうか？　あなたの強みや特性はどんなものでしょうか？　あるいは、どういうランクのブランドに身を置くとしっくりくるでしょうか？

このように、自分というブランドのポリシーやアイデンティティを確立して、そこからどのように知名度を上げて自分を売り込んでいくのか、そう考えると、自ずと戦略が決まってくるでしょう。たとえば、「私はシャネルレベルのブランドになる」と心に決めたとします。すると、志はもちろんのこと、生きる姿勢や立ち居振る舞いだけでなく、まずは身なりから変えていかなければなりません。上質な服装を纏うためには、メイクや髪型、持ち物なども洗練されたものを選択する必要があります。相手に対するマナーも一流でなくてはなりません。目配りや気配りなどはできて当然で、中途半端なことは通用しなくなってきます。

私は人生において、関わる人たちを気持ちよくさせるための気配り、目配り、自分の見せ方、仕事で使う道具などには、人一倍こだわりを持って、どれに対しても手抜きをしないように心がけています。それがＴＡＫＡＫＯというブランドになっています。

あなたも、どのブランドにも必ずある、独自のテーマカラーを持つようにしましょう。それが、人から見たあなたの印象になります。自分のためというよりも、人のためと意識したほうが、パワーというのは発揮できます。今こそ、自分だけのスペシャルなブランドを確立して、特等席を確保するようにしてくださいね。

自分ブランドを確立して、よりパワーを発揮する

28

セルフイメージを高める

私の周りには、年齢を感じさせないくらい美しくパワフルで、愛に溢れた女性たちが沢山います。彼女たちに共通していることは、セルフイメージが高く、常に向上心があるということです。また、人や世の中に対して奉仕の精神を持ち、エネルギーに満ち溢れています。さらに、マイナスの出来事をプラスに転換していく思考の持ち主でもあり、何か悪いことが起こった場合にも、決して世の中や人のせいにしないといった心の強さがあります。彼女たちと一緒にいると、こちらの気分も上向きになりますし、とにかく、カッコいい女性たちなんです。

このように、いい女というのは演じることなんてしなくても、その生き方を貫いていくことによって、自然と「いい女オーラ」が中から溢れ出してくるものなんですよね。

若い頃には、精神的なことよりも物を所有することのほうに喜びを感じてきたという方がかなり多いのではないでしょうか。でも、ある程度、年齢を重ねてくると、むしろ心の充足感を求める方が増えてくるような気がします。

以前、70代になる女性事業家の方から、「女は、50代前後が一番キレイなのよ」と諭されたことがありますが、私もその年代の女性が最もキレイで、輝いていると思っています。彼女は現在70代半ばですが、常に溌溂《はつらつ》としていて、とても魅力的です。また、頭の回転も速く、話題も豊富な上に機転も効くので、彼女といるとみんな気分が良くなります。また、誰もが驚くほどの行動力の持ち主でもあります。

彼女はパーソナルトレーナー付きのスポーツジムに通っているのですが、私も彼女に憧れて同じジムに入会しました。ジムに通うようになってまだ1年半ほどですが、身体が引き締まって、お尻が上がって、足も細くなってきたことを実感しています。やはり、美意識が上がると、セルフイメージも上がってくるので効果を出しやすくなりますね。また、潜在意識というのは、体を動かしている最中が一番働きやすいというので、運動している時にセルフイメージを高めるようにしています。

人生が１００年あるとしたら、残り何十年もあるわけです。だからこそ、自分の思い通りに生きないともったいないですよね。そういった意味でも、セルフイメージを高めることはとても重要なんだと思います。

いい女は、セルフイメージが高い

29 心の透明度とお肌の透明度は比例する

心に透明感がある人というのは、自然と美しく見えます。実際に、心の透明度とお肌の透明度というのは、比例しているように思います。

よく「御霊《みたま》をキレイに」といいますが、キレイな人になるためには、御霊＝魂をキレイに磨いていくことが肝心です。そして、魂をキレイに磨きあげる作業を本格的に始めるのは、まさに、今からだと思うんです。

御霊を磨く作業というのは、他の誰でもない、自分にしかできないことです。また、作業を続けていくことによって、自然と周りの人たちに対して「ありがとう」と感謝の念が湧いてきて、人のことを許せるようになります。

いくつになっても本当に美しい女性というのは、内面から輝いています。心が輝いていると、自然と笑顔も輝いてきますからね。

私がこの31年間、女優や俳優、ハリウッドスターや総理大臣など、トップレベルの人たちの顔に触れてきて実感したことは、見た目の美しさよりも、魂レベルやエネルギーレベルの美しさのほうがずっと大事だということ。そこを極めることによって、笑顔が魅力的な、本当の意味での「いい男」や「いい女」になるんだと思います。

たとえ、どんなに美人で、ナイスボディな女性でも、中身が伴っていないと少しも美しくは見えないですよね。そういう女優やタレントというのは、最初は人気が出ても、すぐにどこかに消えてしまうものです。人というのは、たとえ言葉に出さなくても、表情や佇まいなどに、その人の内面が表れてしまうんです。

ある大女優の話ですが、撮影を終えて、別れ際、車の中からスタッフに手を振って「お疲れ様でした」と帰っていった後、そこにいた男性スタッフが全員、「絶対に自分に手を振っていた」と言い張ったそうです。おそらく、気持ちのこもった最高のスマイルだったからこそ、全員が「自分に手を振ってくれた」と思えたんでしょうね。

このように、本当に心がキレイで、心に透明感があって、笑顔が最高に美しいと、それがみんなその人の吸引力になっていくんです。

もし、100歳まで、キレイで可愛らしい女性でいたかったら、今からでもすぐに、心の中の曇りをなくして、いつも最高の笑顔でいるようにしましょう。

心がキレイな人というのは、自然と美人に見える

30 キュートな女性を目指す

私が常々思っていることは、ある程度の年齢になったら、男はダンディ、女はキュートさが必要になってくるということ。人間は齢を取ってくると、素直さがなくなって、考え方が偏ってくる傾向にあります。いつまでもキュートな女性でいるためには、世間に毒されずに、いつまでもピュアなハートと曇りのない目を持つことが大切だと思います。

可愛らしい女性というのは、いくつになっても周りの人たちから可愛がられますよね。女性としての色気も大切ですけど、人としての可愛げがあると、特に、目上の方から可愛がられるんです。

反対に、可愛げのない女性というのもいます。そういう女性は、大抵、空気が読めないんです。そのために、「今、ここでそれを言ってしまうの?」とか、「せっかく、こんなにいい状況なのに、そんなことを口にしてしまうの?」といったような発言をしてしまうことが多い。仕事柄、私も色々な女性と会ってきましたが、世の中には、可愛げのある女性もいれば、上から目線の人とか、屈折している人とか、色々なタイプの女性がいますよね。

幸せになれる女性というのは、色眼鏡なしに、公平に物事を見られる人です。また、新しいことをどんどん吸収していこうとする女性はどんどんキレイにもなっていくし、メイクのレッスンをしていても上達が早いんです。

たとえば、せっかくメイクアップの教室に来ているのに、「私にはこんな色は似合わないから」とか、「私はファンデーションを塗らない主義だから」というような否定の言葉をまず口に出してしまう人というのは、キレイになるのに時間がかかってしまいます。

やっぱり、運気が上がっていく女性というのは素直で、私が教えた通りにきちんとキレイになる努力をして、メンタルも前向きに変えていくことができるんです。その結果、次々と自分の夢も叶えてしまうんですよ。

私の生徒さんの中にも、実際に、そうやって次々と夢を叶えている女性というのは、沢山います。中には、結婚後にニューヨークに移り住んで、華々しく活躍している女性もいます。あなたもどうか、キュートな女性を目指して、心をシフトしてみてくださいね。

キュートな女性を目指していると、自分の夢も叶えられる

31 1日に何度も鏡を見るようにする

女性のあなたにお伝えしたいのは、1日に何度でも鏡を見ていただきたいということ。なぜかといえば、鏡で自分の顔を見れば見るほど、より美しくなっていくからです。その際に、「今日も、可愛いね」、「笑顔が輝いているね」なんて声を掛けてあげると、より効果が高まります。さらに、鏡で自分の顔を見ることによって、健康状態やその時の心理状態まで手に取るように分かるはずです。

毎日、携帯のセルフィーを使って自撮りするのもお勧め。それによって、自分がキレイに見える表情や角度を研究するんです。やはり、メディアに出ている売れっ子のタレントさんや女優さんというのは、「この角度で、この笑顔」というふうに、自分の中での〝決め顔〟を持っています。実際に、自分の〝決め顔〟があったほうが、みんなで写真を撮る際にも「はい、ポーズ」の1回で決まるので、撮り直しすることもほとんどなくなります。

最近は自分の顔を美しく撮れる様々なアプリがありますよね。そういったアプリを使って、最高にいい状態の自分を知ることによって、自分の脳内にそのイメージをインプットしながら、自分に「あなたは素敵だよ」、「あなたはチャーミングだよ」などと暗示をかけていくんです。

特に自分が美しく撮れている、お気に入りの1枚を部屋のどこかに飾ったり、携帯の待ち受け画面にすることで、その最高の自分のイメージが常に脳内にインプットされることになります。そうしているうちに、不思議なことに、自分の顔が次第にそのイメージと同じようになって、どんどん自分の顔が好きになれるんです。その結果、自分の顔だけでなく、自分という存在そのものをセルフラブできるようになったら最高ですよね。

また、自撮りした写真を見ながら、「表情が硬いなあ」とか、「眉のラインが曲がっているなあ」とか、あるいは、「最近、急に、顔が老けこんだなあ」と、自分自身を冷静に観察することが肝心で、自撮りというのは自分の健康状態や心の状態を映し出すレントゲンのようなものなんです。

あなたも鏡や自撮りを大いに活用して、さらに魅力的な女性になってくださいね。

いい女は、演出上手

32 お顔も筋トレしましょう

鼻から下の肌の質感や肉付きというのは、まさに、40代以降の運気を表しているので、この辺のお顔の筋トレはどうしたらいいかとお悩みの方も多いと思います。

そういった女性たちのお悩みにお応えすべく、私がいつもモデルさんや女優さんに楽屋で使っていた手作りのターバンを元に、いつまでもお顔の筋肉が垂れないようにという願いを込めて、「リフティングターバン」を開発しました。

このターバンを使ってお顔の矯正をすると、顔中のしわが伸びて、顔全体の筋肉が上がって、10年前のすっきりとしたフェイスラインになります。さらに、それに伴って運気も上昇してくるんです。鼻から下がすっきりしてくると、金運や仕事運、恋愛運など、全ての運を受け止めやすくなるからです。

さらに、ご自分の10年前のすっきりした顔を鏡で見ることによって、心の歪みや身体のバランスの偏りなどにも影響を与えられます。

顔には意識筋という大切な筋肉があるんですが、このターバンはその意識筋にしっかりと働きかけてくれる上に、首の後ろから後頭部にかけて心地のいい圧がかかるので、首から頭にかけて、とてもすっきりとします。また、長年、悩んでいた肩や首の凝り、偏頭痛が改善したといった、ありがたい言葉をいただくこともあります。中には、職場の女性が使っているのを見て、同じ職場の男性が買い求めてきたこともありました。

後頭部から肩にかけての三角地帯を、私は「おばゾーン」と呼んでいます。女性の後ろ姿を見て、この辺りが盛り上がっていると、いかにも、おばさんっぽく見えますよね。でも、ターバンを頭に巻くと、自然とこの三角地帯もすっきりしてきます。

どんな方でも、左右どちらかにお顔の歪みがあると思うんですが、ターバンを頭に巻きながら、日頃、あまり使っていない側の顎で食べ物をしっかりと噛むようにすると、左右の噛み合わせが矯正されて、顎のゆがみまで治ってしまうという話も聞きます。

最後に、このターバンでしばらくお顔の矯正をやった後に、思いっ切り、口角を上げて笑ってみてください。すると、ターバンを巻く以前よりも、より自然な笑顔になっていることに気付かされますよ。

お顔を引き上げることで運気も上がる！

33 優雅さと品格のある女性になる

大人の女性に多いのが、おでこのしわや眉間にしわが入っている人です。特に、おでこのしわというのは脳の年輪を表していて、脳を沢山使って物事を深く考えて、なおかつ、自分にも他人にも厳しく生きてきた人に多く見られます。こういうタイプの女性は責任感が強く、ストイックに生きてきた人なんです。

おでこや眉間にしわが出ているということは、「もっと、自分のことを大事にしてあげなさい」というサインなので、これからは、もっとリラックスをして、自分自身のことを褒めてあげるようにしてくださいね。

たとえば、人と会話をしている時にも、こういうタイプの人は前頭葉を使って、頭をフル回転させながら喋っています。そのため、知らず知らずのうちに、おでこや眉間にしわを寄せて会話しているのではないでしょうか。だからこそ、どんな時でも、優しい表情で、微笑みながらお話することを心がけてみてくださいね。

以前、ハリウッドスター御用達の小顔矯正の先生から、「ＴＡＫＡＫＯさん、そんなに顔中を使って表現しなくてもいいんですよ。もっと、こうやって優雅に筋肉を使ったらどうかしら？」とアドバイスされたことがありました。それまでは、「表情豊かなことはいいことだ」と思っていたんですが、「顔の筋肉をいっぱい使うと顔にしわができるし、ファニーな顔になってしまっていたんだな」と気付かされました。

女性も年齢を重ねてくると、優雅さと品格、しなやかさを求められるようになります。たとえば、笑い方一つにしても、顔の真ん中にしわを寄せてクシャっと笑ってみたり、わざと顔にしわが寄るような表情をしないほうが、年齢を重ねた時に、しわはできにくいんですよ。代わりに、常に優雅に微笑みながら会話するようにすると、いかにも淑女という感じがしませんか。

みなさんの中には、「いちいち表情なんて気にしていられないわよ」と言われる方もおられるかと思いますが、ご自分のための毎日のビューティー貯金と思って、ワンランク上のいい女を目指して、エレガントな表情筋の使い方を意識してみてくださいね。

社会で生きていく上で、仕事に集中することや真剣になることは必要不可欠ですけど、どんな時でも、自分の表情にまで気を配れるのが、いい女なんですよ。

優雅で品格のあるいい女になるには、エレガントな表情が大切

34 キレイな女性として生きるための9か条

美しい女性というのは、いくつになっても、「キレイになる努力を忘れていない」んです。そこで、あなたにも、「いくつになってもキレイな女性として生きる」ためのヒントをお伝えしていきましょう。

その1　鏡をマメに見る

鏡というのは、見れば見るほど、自分がキレイになることができます。鏡をのぞく度に、「今日も可愛いね」といったようなプラスの言葉を自分にかけてあげてくださいね。
また、鏡をマメに見ることによって、自分のお肌の状態や顔の表情などもチェックできます。鏡を見ながら、エレガントな表情を作って、会話するトレーニングもしてみましょう。

その2　人に撮ってもらった自分の写真にダメ出しをする

人に撮ってもらった写真を見て、ちょっとでも写りが悪かったり、「最近、おばモードが入ってきたなあ」と思うようだったら、それが現在のあなたの姿なんです。すぐにでもしわを伸ばす努力をしたり、口角を上げることを心がけてくださいね。

また、一緒に写真を撮った人たちの年齢というのも重要です。同世代や自分より年上の人たちと撮った時、あるいは、年下の人たちと撮った時、それぞれの写真を比較して、自分がいかにフレッシュに見えるか、そのキラキラ度もチェックしてみてください。

その３　できるだけ身体を動かすようにする

筋トレでもウォーキングでもヨガでも、得意なものだったら何でもいいので、できる範囲で、身体を動かすようにしましょう。定期的に身体を動かしているとストレス発散になるだけでなく、より健康になれます。女性にとって、身体を動かすことは骨粗鬆症などの老化予防のためにも必須。運動する時間がなかなか取れない方は、駅などでエスカレーターの代わりに階段を歩くだけでも、かなり効果がありますよ。

その４　身体にいいものを摂取する

口から摂取した食べ物は全て肉や血となります。さらに、食べたものによっては精神に大きな影響を与えるので、栄養バランスだけでなく、添加物や身体に悪いものを控えて、自分の身体や心が喜ぶものを摂取するようにしましょう。また、お酒や揚げ物などの嗜好品は、たまの楽しみにしてくださいね。

その5　お肌のケアをする

キレイを維持するためには、何よりもお肌のケアが重要。年齢より若く見える女性というのは、お肌のケアが行き届いています。また、顔の肌だけでなく、身体など見えない部分のお肌のケアをすることこそ肝心です。美肌を維持するためには、食事に気を配るだけでなく、規則正しい生活を送るようにしましょう。

その6　ボディラインを意識する

理想的なボディラインを作るには、インナーマッスルを鍛えることが大切。女性にとって、背中のぜい肉や二の腕のたるみ、また、お尻やお腹回りのぜい肉はできれば身に付けたくないもの。そのためには、隙間時間を見付けてスクワットをしたり、腹六分目を心がけたりと、日頃の努力がものを言います。美しくボディメイキングしていくと、好きな洋服も着こなせますし、幸せに過ごせますよ。

その7　「YES」「NO」を口に出すようにする

キレイでいるためには、無理をしないで、自分を甘やかすことも大切。嫌なことは無理にやる必要もないし、行きたくない所へ無理に出かけて行かなくてもいいんです。そのためには、「YES」「NO」をはっきりと口にするようにしましょう。これからは、もう自分を犠牲にするような生き方はしなくていいんです。

その8　明るい未来を心に描く

近い将来、自分がどうなりたいか、どうありたいかのイメージを明確に心に描くようにしましょう。そのためには、イメージングノートやイメージボードを使うのもお勧めです。もちろん、願い事をはっきりと口に出していくことで、より引き寄せ力が高まります。

その9　セルフイメージを高める

キレイな女性というのは、幸福な女性とも言えますね。キレイになるためには、自分のセルフイメージを高める必要があります。その結果、キレイだけでなく、思い通りの人生も手に入れることができるんです。

この本であなたにお伝えしたいことは、まさに、「人生は思い通りになる」ということ。そのためには、ネガティブな思考を捨てて、明るい未来だけを心に描いて、自分自身を磨くことによってセルフイメージを高めることが重要です。その結果、自分の思い通りの未来を引き寄せられるようになるんですよ。

いい女は、美に貪欲《どんよく》なもの

35
美の魔法使いになる

私はヘアメイクアップアーティストとして、「美の魔法使い」と言われてきましたが、実は、誰もが「美の魔法使い」になれるんです。女性は美しさとは縁が深いですし、女性というのは誰もが本来は美しいもの。その美しさを味方に付けて、きちんと演出できるかどうかが肝心なんです。

あなたも小さな頃は、『シンデレラ』や『白雪姫』といった、お姫様や魔法についての物語が大好きでしたよね？　実は、自分をキレイにするためのメイクなどは、全て魔法なんです。疲れていた顔が、エステや美容サロンでお手入れをしてもらうだけであっという間にキレイになったり、気持ちがワクワクするだけで顔がキラキラと輝いたりしますよね。

せっかく女性として生まれてきたからには、その魔法のかけ方を覚えるべき。世の中には、無免許運転で車を運転するように、正しい技をもつことなくメイクをしているような人がかなりいます。だからこそ、メイクをきちんと学ぶ必要があるんだと思います。

40〜50代というのは、女性の顔が大きく変わる時期。だからこそ、今からでも遅くないので、きちんとしたメイク法や色選び、自分に似合う洋服や髪型などについて学んでみることをお勧めします。自分を演出するというのはとても大切なことなんですよ。

齢を重ねても、キレイなままでいる女性というのは世の中にそれほど多くはありません。実際、モデルさんのオーディションなどでも、40代くらいになると、いいモデルさんが急に減ってきます。若い頃にどんなにキレイな人でも、出産したり、日々の生活に追われたり、美意識そのものが下がってしまった結果、劣化してしまうんです。この年齢まで美しさをキープするためには、セルフイメージを上げていかないととても難しいでしょう。

でも、セルフイメージを上げて、美の魔法のかけ方を知ったら、誰でも十分にキレイな40〜50代になれます。20〜30代で今一つ注目されなかった女性でも、40代以降になってから、メキメキと頭角を現して、その人が現れただけで、「あの人、誰?」と言われるような華やかさや幸せ感、フレッシュ感などが演出できるとしたら、それは素晴らしいことじゃありませんか?

セルフイメージを上げれば上げるほど美しくなる

2018年のアカデミー賞パーティー会場にて。ハリウッド女優Carolyn Hennesseyのメイク直し中

36 すがすがしい女性になる

女性もある年代になってくると、美人かどうかというような基準ではなくて、その人自身が持っている人間力だったり、独自のエネルギーだったり、キラキラと輝いている感じなどが魅力になってきます。

反対に、いくらキレイな女性でも幸が薄かったら、寂しげに見えてしまいます。だから、齢を重ねても本当にキレイな女性というのは、イキイキと前向きで、常にエネルギッシュで、一緒にいる人を気持ち良くさせることができる、すがすがしい人なんです。

すがすがしい女性になるというのは、すごく大事なこと。「あの人って、すがすがしいよね」と言われるような女性は、絶対に「おばさん」とは言われなくなります。

齢を重ねても、前向きで、すがすがしくって、溌溂《はつらつ》としている、笑顔のキレイな女性というのは、口角が上がっていて美意識が高く、さらに、人のことを労わることができるんです。さらに、前向きな会話が多いだけでなく、体型にも締まりがあって、ほとんど中年太りしていない。

また、すがすがしい女性は、自分をリフレッシュさせることが得意です。もし、あなたも、すがすがしい女性になりたいのなら、１日の最後に、必ず自分をリセットする時間を持つようにしてください。その日の疲れは次の日に持ち越さずに、その日のうちに取ってから眠りに就くようにしましょう。まずは、どんなに疲れていてもシャワーだけですませるのではなく、できるだけ、湯船の中で体を休めること。体を温めることで気持ちがデトックスされ、心の冷えも取ることができるんです。

あなたという花が美しく咲き続けるためにも、1日に1回は、「ラブユアセルフケア」をして、自分自身に愛情を注いであげてくださいね。人に沢山尽くした日こそ、自分自身を抱きしめてあげるようにしましょう。自分に愛情を注いで安らかな心で毎日を過ごすことができれば、上質な睡眠を摂ることができ、自分自身の美しさも充電することができます。

人というのは、自分自身への愛情が満たされて初めて、他人にも自然と愛情が注げるようになります。その結果、周りの人たちから「すがすがしい女性」と言われるようになりますよ。

いい女は、自分の愛し方を知っている

37 いつまでもいい女でいられるための7か条

ここでは、齢を重ねても、いつまでも、「いい女でいられるための7か条」をお伝えするので、あなたもご自分でチェックしてみてくださいね。

その1　愚痴や陰口は口にしない

女性が年齢よりも老けて見える特徴の一つに、愚痴っぽいというのが挙げられます。友達や家族との会話の中で、パートナーや子供への不平不満や愚痴ばかりを口にしていませんか？　また、「体調が悪い」、「疲れた」などのマイナスの発言もほどほどにしましょう。
また、みんなで集まって、そこにいない人の噂や陰口をたたいていると、顔が老け込むだけでなく、運気も下がってしまいます。集団の中にいて、誰かの噂話が始まったら、さりげなく、会話の流れを変えられるのが大人の女性の品格です。

その2　マイナスの言葉を口にしない

家族や友達に向かって「どうせ上手くいきっこないわよ」とか、「やっぱり無理だったでしょう」といった、マイナスの発言をしていませんか？　これらの言葉は、相手のやる気をそいでしまうので、なるべく使わないようにしましょう。また、新しく何かを始める前から「どうせ無理だから」と決めつけてしまうのも良くありません。たとえば、「私はもう恋はいいわ」とか、「恋愛は卒業したわ」とか、「再婚はあり得ないわ」なんて言っている女性は、自分で自分の可能性を狭めてしまっているので、もったいないですよね。

その3　自分の体型に気を配る

日頃、不平不満ばかり口にしていると、なぜか体型も緩んできます。たまには大浴場に足を運んで、自分と同じ年代や自分よりも若い世代の女性たちの身体を目にして、自分の身体を冷静に観察するようにしましょう。特にお尻が垂れてナスビ状になってしまったのを元に戻すのは大変なこと。お尻が垂れるのを防ぐには、できるだけ歩くようにする、階段を使うなどの日頃の習慣が大切です。階段を見て喜んで登れるようになったら、あなたもいい女。

また、背中に贅肉が付いていないか、二の腕がたるんでいないかなどもチェックするようにしましょう。特に背中に段が出ている人は要注意です。そのためには、日頃から鏡などを使って、後ろ姿をチェックするようにしましょう。

その4　姿勢に気をつける

姿勢が悪いと、すごく老けた印象になって、自信がなさそうに見えてしまいます。また、ずっと猫背でいると身体に歪みが出て、胃腸の調子も悪くなってきます。ご自分の健康のためにも、なるべく背筋を伸ばすようにしましょう。

その5　頭皮環境を整える

齢を取ってくると、ホルモンバランスの乱れや血流の悪さなどで、薄毛になってしまう女性も少なくありません。そういった薄毛への対策も含めて、髪の毛のケアを疎かにしていませんか？　手遅れになる前に、頭皮環境や背中から首や頭にかけての血流を良くしてくれるようなスキンケアスタジオに通ってみてはいかがでしょうか。

髪の毛がパサついてくると、一気に老けた印象になってしまいます。日頃から、シャンプー＆リンスへの出費は惜しまずに、頭皮環境を整えて、髪の毛の艶感を保つようにしましょう。もし髪の毛のぱさつきや抜け毛でお悩みの方がいたら、私も愛用している「ミューフルのヘアケア」シリーズがお勧めですよ。

その6　白髪をそのままにしておかない

女性の中には、わざと白髪を染めないで、ずっとステータスっぽくしている人がいますが、白髪をそのままにしていると、かなり老けた印象を与えてしまいます。そのように見られたくないのなら、やはり、白髪はきちんと染めるようにしましょう。もちろん、自分でもカラーリングは可能ですが、染めムラが出てしまう恐れがあるので、プロの手で染めてもらうのがいいでしょう。

その７　「笑う」は「祓う」のための浄化の力

常に笑顔でいられる人は、幸福になれます。「笑う」は穢《けが》れなどを「祓う」という浄化の力を持っていて、どんなに辛いことがあっても笑っていられる人というのは、これから先の人生を、本当に健康的かつ楽しく生きていけます。

物事が上手くいかなくて、人生の壁にぶつかった時こそ、ともかく笑うようにしましょう。笑いには、全てのマイナスのエネルギーを祓う力があります。

笑顔でいるということは、すごく大切なことなんです。常に笑顔でいると脳相も良くなって、意識も上がってきます。その結果、引き寄せ力が高まって、全ての人生の流れが良くなるんですよ。

いい女は、笑顔の力を知っている

38 お肌は無限の美の可能性を秘めている

あなたは、今の自分のお肌の状態に満足していますか？

私が朝起きてスキンケアをしながら、「最近、お肌の乾燥が気になるなあ」と思っていたところに、エステティシャンの佐々木テル先生にお肌の状態を見てもらう機会があり、先生から「これは乾燥ではなく、お肌の奥の方にある古い角質がきちんと取り切れていないんですよ」と説明され、衝撃を受けました。

実際には、お肌の奥に溜まった古い角質をしっかりと取り除いて、肌本来の底力をよみがえらせることで、いくつになってもお肌を再生させることができるんだそうです。その際に、「大体、50代の方だったら5か月間で、40代の方だったら4か月間で、お肌を完全にリセットできますよ」と説明されて、「私、TAKAKOさんのお肌を、もっと、もっとキレイにして差し上げられるわ」と笑顔で言われました。実際に、先生にこだわりのローションで施術をしていただいたところ、お肌に勢いが出て、お肌の無限の可能性というものを体感しました。おかげで、最近はお肌にハリと艶が出てきたのを実感しています。

先生はこの道50年という美のエキスパートで、こだわりのブランド「ミューフル」の創

http://ladylohas.jp/

業者でもあり、いつも穏やかに微笑んでおられて、まるで美の女神のような方。「美しさに対しての本当の意味を伝えたい」という願いから、日本全国だけでなく、海外でも活躍されており、まさに、大人のいい女のお手本なんです。

先生の教えはとてもシンプルで、「肌を見つめるということは、自分自身を見つめるということ。女性は心が満たされていないと、美しくなることができない」というもの。これは、まさに、常日頃から私自身が実感していることで、どんなにいいメイクを施しても、その方自身の心が満たされていないと、女性というのは美しく輝くことができないんです。

あなたが本当に美しい女性になりたいなら、お肌を通して、ご自分の心や自分自身の在り方を見つめ直してみてくださいね。お肌というのは愛情を込めてケアして上げることによって、育っていくもの。全ては、あなたのケア次第なんですよ。

いつも微笑んでいて美の女神のような佐々木テル先生

心が満たされていないと、本当に美しくなることはできない

39 いい女のご褒美タイム

私は北海道が大好きなんですが、そのご縁で、数年前から、「北海道ビューティーコスメ大使」をさせていただいています。北海道を訪問する際の楽しみの一つは温泉。中でも、ニセコ湯本温泉郷の中にある「月美《つきみ》の宿 紅葉音《あかはね》」の泥湯の温泉が気に入っています。この温泉に浸かりながら、湯船の底に沈んでいる泥で全身をパックしていくと、みるみるうちにお肌が潤って、全身に美白効果が得られるんです。

この温泉に入って以来、私は泥の浄化力に目覚めて、何とか手軽に自宅で泥パックができないものかと思っていたところ、「世界で一番地層の土がキレイな場所」と言われているイタリアのシチリア島の「グリーンクレイ（海泥）」を使った「アルジタル」と出会いました。私はこのグリーンクレイを、「頭が疲れたなあ」と思ったら頭皮にそのまま付けてみたり、お顔にパックしながら湯船に浸かったりしています。その他には、ざらつきが気になる部分や年齢が出やすい手や腕やデコルテなどにパックしたり。

グリーンクレイには、何百万年もの間、海底で蓄積されたミネラル成分が豊富に含まれているので、毛穴の汚れを取り除くだけでなく、お肌に栄養と潤いを与えて、しっとりとハリのあるお肌にもなれるんです。こうして私の念願だった、自宅での贅沢な泥風呂タイムを楽しむことができるようになりました。また、パウダー状のタイプもあるので、お風呂の入浴剤としても使っています。浴槽の汚れを懸念される方もいるかもしれませんが、逆に、泥のパワーで浴槽もキレイになってしまうので、却ってお掃除が楽なんですよ。

グリーンクレイでお肌を浄化したら、お風呂上りにはバラのコスメをたっぷりと使って、さらにリラックス効果を高めています。まずは、ローズウォーターをしっかりとお肌に入れ込んでから、手の中で温めたローズクリームをお顔や全身のボディクリームとして使うと、お肌がしっとりするだけでなく女性性も高めることができますよ。

齢を重ねてくると、女性の一番の味方になってくれるのが、女性ホルモンを活性化してくれて癒し効果のあるバラの香り。バラは全てのお花の中でも、まさに香りの女王様ですね。かのエリザベス女王が、ローズウォーターで毎朝、顔を洗っていたのは有名な話。世の中にはバラを使ったコスメが色々とありますが、このシリーズはすごく純度が高くて、合成された香りではなく、本物のバラの香りを使っているので本当にナチュラルな香りがします。まるで、バラ園の中でバラの花に囲まれているような優雅な気分を味わえますよ。大人の女性なら本物のバラのパワーが入ったコスメを身の回りに置きたいものですよね。

私の仕事場の7つ道具の一つが、このローズウォーターなんです。どんなに美への審美眼の高いセレブや女優さんでも、髪かお肌にスプレーで一噴きしただけで、その豊かな香りにうっとりしてリラックスしてくれるので、その後のメイクの仕上がりやカメラ写りなどが、まるで違ってくるんです。いつも、緊張感の高い現場にいる彼女たちにとっては、このうっとりして、リラックスしてもらうといったプロセスがとても重要なんです。

女性のあなたにお勧めなのが、バラの花びらをたっぷりと浮かべたバラ風呂。バラの花束がしおれてきたら、1枚ずつ花びらを摘み取ってお風呂の中に浮かべてみてください。甘いバラの香りに包まれてとてもリラックスできるし、女性ホルモンも活性化できますよ。

あなたも日常の暮らしにバラの香りを取り入れて、優雅な香りをまとったワンランク上の美しい女性を目指してくださいね。

バラの香りをまとって、いい女に

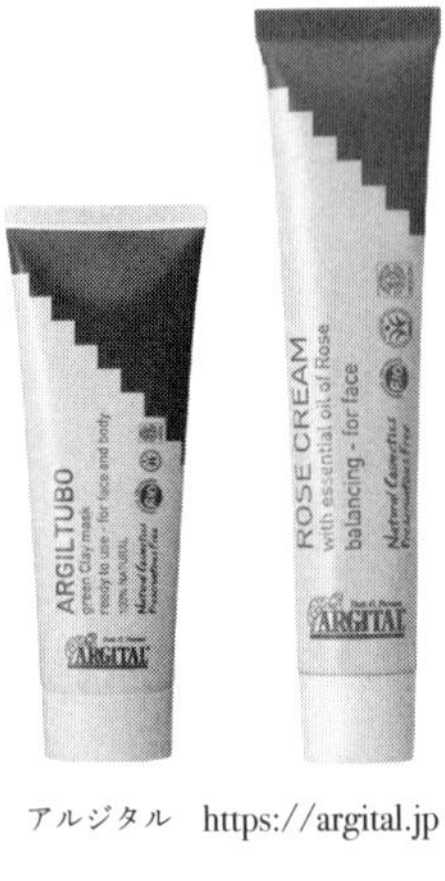

アルジタル　https://argital.jp

40 上質なオーラをまとった女性になる

先日、ハリウッドのエミー賞のギフトラウンジでデビューを飾った、素敵なスキンケアブランドと出会いました。ハリウッドセレブたちが試して大絶賛していた「ＬａｌａＶｉｅ（ララヴィ）」です。実は、日本と比較すると、ハリウッドというのはかなり乾燥しているエリアなので、現地の女性たちはかなりスキンケアに気を配っています。

早速、自分でもクレンジングバームを試してみました。すると、オイルベースで固まっているのに、肌の上に乗せるとふわっと溶けて肌なじみが良く、洗い流した後にも肌がしっとりしているのを実感できました。

さらに、メイクと毛穴の汚れを同時に落としてくれるバーム状のクレンジングなので、W洗顔が必要ないのもありがたいですよね。

独自の製法でオイルを粒状にしたオイルインローションは、年齢肌に不足しがちな

2018年のエミー賞のギフトラウンジにて。女優でもある仲良しプロデューサーのKira Reed Lorsch

油分と水分を同時にお肌に届けてくれるといった優れものです。私たちの年代になってくると、何よりもこの油分と水分をバランスよくお肌に取り込むといったことが重要で、お肌が乾燥してくると、しわやくすみの原因となってしまうんです。

最後に、ボタニカルバターと3種のビタミンカプセルを配合したシフォンクリームを肌に付けると、コクのあるクリームが乾燥からお肌を守ってくれるだけでなく、お肌にしっとりとした潤いも与えてくれます。

このシリーズの魅力は、何と言ってもその上質な香り。「とても上質な香りですね」と感想を伝えたところ、「実はフランスのカルティエの調香師さんにお願いして、調香していただいています」という説明を受け、「やはり一流の方が関わると、説明がなくてもその良さを実感できるんだな」と納得しました。

ロックミュージシャン旦那様にモデルの奥様ハリウッドオーラ炸裂のお二人

香りの秘密は、その惜しみなく使われているハーブにありました。クレンジングバーム、オイルインローション、シフォンクリームのそれぞれに、7～8種ものハーブが使われているんです。

その上質な香りをお肌に纏《まと》っていると、何とも言えない安心感を覚えて、まるでお花畑の中にいるかのような心地良さを味わえます。だからこそ、ハリウッドのセレブたちにも受け入れられたのでしょうね。本当に優れたものに対しての女性の嗅覚の鋭さというのは、世界共通ですから。

私自身、今までたくさんのコスメ商品の開発に携わってくる中で感じたことは、商品自体は言葉を発することはできなくても、こだわりのある素材や香りなどの成分を使うことによって、上質なオーラを放つことができるようになるということ。

あなたも、そこに佇んでいるだけで沢山の人を惹きつけられるような、上質なオーラを身に纏った魅力的な女性でいてくださいね。

ララヴィ　https://lalavie.jp

上質なオーラを醸《かも》し出せてこその、魅力的ないい女

41 開運メイクのススメ

人の顔というのは、その人が説明する以上に多くのことを語っています。まさに、人の顔というのは人生の玄関口であり、その中でも歯というのは人生の門構えを表しています。たとえば、歯並びが悪かったり、歯の色が変色していたり、歯茎が黒ずんでいると、途端にすごく老けた印象になってしまいますよね。

私は「GRANTEETH（グランティース）白金台」の吉武先生の所に通うようになってから、口の中の年齢が若返ってきました。歯の健康状態というのは健康運をはじめ、様々な運気に関係があります。大人の女性になったら、1～2か月に1度は歯のクリーニングに通って、ピカピカの笑顔美人を目指しましょう。

顔相的にも常に口角を上げることを意識していると、良い運気と健康とお金が入ってくるようになります。また、鏡を見る度に、「私はキレイ」、「私は大丈夫」と一日に何度も自分に言ってあげることも大切。自分自身のエネルギーが上がっていくことによって、人生のステージも上がっていくんです。そのためには、いつもキレイな女性でいることを心がけましょう。そして、そのキレイな状態を保つお手伝いをしてくれるのがメイクなんです。

メイクアップアーティストとしてお伝えしたいことは、メイクというのは、実は洗顔するところから始まっているということ。洗顔する際には、小鳥の水浴びをイメージして、下から上に優しくタッチするようにしてください。

時々、年齢を重ねても、若い頃と同じようなメイクをしている方や、あるいは全くメイクしようとしない方を見かけることがあります。メイクというのは、「自分自身に対する礼儀」でもあるし、「目の前の人に対する礼儀」でもあるんです。だから大人の女性がノーメイクで外出するのはお勧めできません。

それでは、具体的に、「開運メイク」の手法をお伝えしていきましょう。

いい女にとって、お肌に艶があるということは何よりも大事。ご自分のお肌に合ったファンデーションを付けて、光を放つお肌づくりを心がけましょう。ただし、お粉やファンデーションを粉ふき芋のように厚塗りした、べったりした質感のお肌はＮＧです。

眉というのは、その人の印象を大きく左右する上に、顔相学的にも重要なパーツです。実際に、眉毛の形を整えることによって運気を上げることができるんです。眉を描く時には、眉山のトップが黒目の外側と同じ位置に来るようにしてください。また、ラインが途切れてしまわないように、しっかりと最後まで描きあげるようにしてくださいね。

次にアイメイクですが、まぶたに光をまとうことがポイントなので、まぶたの上にファンデーションは付けないようにしてくださいね。

愛され顔にするには、アイホールをシャンパンピンクベースにするのがお勧め。また、ワンランク上の女性になりたい人は、シャンパンピンクにラベンダーを重ねてみるようにしてください。結婚運アップを願う時や大人のデートの際には、シャンパンピンクをアイホールに乗せてから、アイシャドーやマスカラをブラウン系にするようにしましょう。

大人の女性が黒系やグレー系のアイシャドーを使うと、一気に老け込んだ印象になってしまいます。代わりに、パープルやラベンダーなどの明るい色を使うようにしましょう。また、仕事運を上げてカリスマ性を発揮したい方は、シャンパンベージュをアイホールに入れて、ネイビーブルーのアイシャドーやアイライナー、マスカラなどを使うようにしてください。目の周りに青み系の色を持ってくると、白目が美しく映えて、魅力的なまなざしを演出できますよ。

次にチークですが、「若返りの色」と言われているオレンジ系をニュアンスカラーでミックスするのがお勧め。オレンジ×ベージュとか、オレンジ×ピンクとか、オレンジ×コーラルといったカラーを混ぜると肌なじみが良くなって、すごくフレッシュで、いい女を演出できます。

唇というのは、「女性の運を司る」と言われているくらい大事なパーツです。そのため、口紅の色というのはかなり重要。齢を重ねるごとに、はっきりした色を付けるようにしたほうが、華やかに見えていいと思いますよ。私自身、日頃からフューシャーピンクや真っ赤な口紅を付けるようにしています。もし、ヌーディーな口紅を付けるとしたら、艶感のあるものを選ぶようにしてくださいね。

日本人の女性は、齢を重ねてくると、洋服でも、メイクでも、黒やグレー、ブラウンなどの暗い色を選びたがる人が多いですよね。身に付ける色や纏う色というのは、その人の体にも影響を及ぼします。だからこそ、自分の心が喜ぶような、心地のいい色を選ぶようにすることで、キラキラしたオーラを身に纏うことができるようになります。あなたも毎日、色の魔法を味方につけて、そのことを実感してみてください。

色の魔法で、幸せ引き寄せ顔に

42 パワー・オブ・ビューティー

これまで31年間、ヘアメイクアップアーティストとして様々な年齢や国籍の人たち延べ10万人以上のお顔に触れてきました。どんな有名なセレブや美しい女優さんでも、齢を重ねていくうちに、肌のしぼみや衰えなどの悩みが出てきます。そんな女性たちを沢山目にしてくる中で、「全ての女性がいつまでも美しく輝いていられるために」という願いを込めて、自分の名前を冠したコスメシリーズの「TAKAKOブランド」がデビューしました。

色々な女性たちの悩みに耳を傾けながら、女性たちのしぼんでくる肌に勢いを与えるためには、何ができるかとずっと思ってきました。そして、色々と試行錯誤を重ねて辿り着いたのが、HAS（ハス）という幹細胞入りのコスメでした。幹細胞を皮膚から吸収させることで皮膚の細胞を活性化し、肌の再生能力を高めてくれる効果があります。この幹細胞を、ファンデーションをはじめ、グロスや口紅、アイブロー、コントロールパウダーに至るまで、全ての商品に入れています。そのため、メイクしながら「肌を育てられるコスメ」でもあるんです。また、私自身、かなりの敏感肌なので、無添加、無香料にこだわって、パラペンやアルコール、タール系なども一切、使用していません。

全ての商品に「パワー・オブ・ビューティー」というメッセージを入れているんですが、年齢を重ねるにつれて、美の力というのはすごく大切だと思っています。美というのは力にもなるし、力というのも美になります。そういった願いを込めて、中からも外からも力強く、エネルギッシュに輝いてもらいたいという「パワー・オブ・ビューティー」なんです。

私が楽屋で、女優さんたちのクマやくすみを消していた、究極のバナナイエローという色があります。この色のパウダーを目の下に一塗り、二塗りすると、見る見るうちに、お顔がフレッシュな印象になっていきます。ぜひ、目の下のクマやくすみに、究極のバナナイエローを纏って輝かしい女性になってくださいね。

私にとっての「TAKAKOブランド」は50代からの新たな挑戦であると共に、自分と一緒に育っていくブランドでもあるんです。どうぞ、あなたの輝かしい人生のお手伝いをさせてください。また、メイクアップを一から学びたい方には、プライベートメイクレッスンなどもありますので、お気軽にご相談くださいね。

美しさは力にもなるし、力は美しさにもなる

ハリウッドの憧れのマリリン・モンローの部屋で撮影した「TAKAKOブランド」。大興奮しました

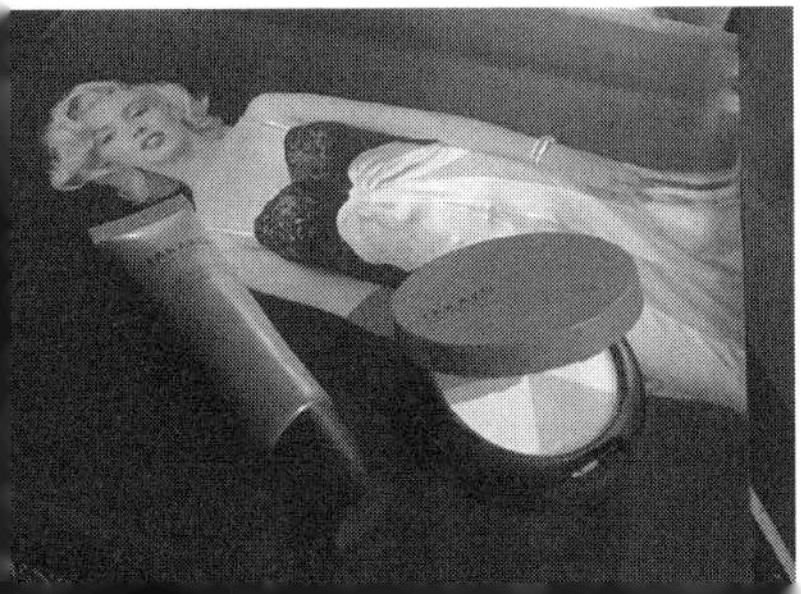

43
いいスキンケアは良きパートナー

私は仕事柄、沢山の新商品や新ブランドのコスメをいただく機会があります。先日、知り合いの美容ライターさんから「ちょっと気になっている、お勧めのコスメがあるの」と言って、「ＲＥＶＩＮＡ（レビーナ）」のスキンケア用品をいただきました。そこで、「せっかくなら、飛行機という過酷な環境の中で使ってみたら、どうかしら？」と思って、早速、化粧水と美容液と美容クリームを機内で試してみました。すると、機内にいる10時間以上の間、全然、お肌が乾燥しなかったので、「これは優れものだ！」と思って感激しました。

今までは飛行機に搭乗している間に、マメに化粧水やクリームで保湿していても、小じわが出て、疲れた顔になっていました。お肌にハリ感があればしわはできないのですが、乾燥によりお肌がしぼむことによって、しわができてしまうのです。今回は、「そろそろ乾燥してくるかな」というタイミングでお肌に付けるようにしていたら、トイレで鏡を見るたびに「あれ？　全く乾燥していない！」というように確かな手応えを感じました。現地に着いてすぐに打ち合わせがあったので、疲れた顔でスタッフに会いたくなかったのですが、飛行機に乗った時に特有のお肌のしぼみ感がなかったので、溌剌《はつらつ》とした肌のままでいられました。

　私の皮膚はすごく薄くて、センシティブスキンで刺激に弱いんですが、このシリーズを使ってみたところ、お肌にハリと勢いが出てきたのを実感しています。いいスキンケアに出合うと、お肌の底力がグングン上がってくるのが分かりますよね。しかも、ほんの少量付けるだけで効果を得られるので、本当に重宝しています。同じ基礎化粧品ばかりを使っていると、お肌が慣れてしまってあまり効き目がなくなってしまいます。だから、それまでとは違うスキンケア用品を使って、お肌を刺激するのはとてもいいことなんです。

　スキンケア用品は日々進化しています。本当に自分のお肌に合ったものを選ぶということは、自分に合った素敵な男性と巡り会うのと同じくらい価値のあること。

　大人の女性として、自分のお肌に合った、結果を出せる上質なスキンケア用品を、意識して選んでいくという姿勢が大切だと思います。

レビーナ・スキンケア　https://www.revina.club

お肌にハリと艶を与えてくれる、スキンケア用品を選ぶようにする

COLUMN

スーザン・ロックフェラー夫人との思い出

数年前から、ロックフェラー夫妻とお知り合いになりたいと思っていたので、お二人からメイクアップの仕事の依頼があった時は嬉しかったですね。

「TAKAKOメソッド」では、メイクアップに取り掛かる前に、マッサージやヒーリングを施すことによってリラックスしていただいています。いつも緊張を強いられているVIPの方々には、私がメイクアップをしている間だけでも「素の自分」に戻って、リフレッシュしていただきたいのです。

以前、スーザン夫人から「あなたには、人を癒す力があるわね」と言われたことがあり、とても感激しました。スーザン夫人とは、「HEART to HEART」で、心が通い合っているように思います。

スーザン・ロックフェラーさんからのメッセージ

「TAKAKOの新著『50歳からのいい女』は、喜びを感じながら、賢く人生を生きて行くためにはどうすればいいのか、その極上のエッセンスが詰まった素晴らしい本です。

女性が気品よく年を重ねて、豊かな人生を過ごしていくためには、もっと自分に愛を与えてあげてくださいと伝えています。

彼女の明るくユーモアに満ちた言葉と、目の前の人に対する気遣い、また、美容家としての志の高さは素晴らしく、是非、世の中の女性たちにも見習ってほしいと思います。美しく年を重ねて来た、知性ある彼女ならではの言葉に、世界中の女性が感銘を受けることでしょう」

第 3 章

CHAPTER 3

仕事と恋愛編

44 人生は、熱量が全て

物事が上手くいくかどうかというのは、目の前の相手や物事に対して、どれほどの熱量を持って接することができるかということで決まってきます。この本を読んでいる方の中には、これから新たなビジネスに挑戦しようとする方や、新しい分野に飛び込もうとしている方もいるかと思います。そういう方に言いたいのは、本当に伝えたいという思いがあれば、しっかりと相手に伝わるということ。だからこそ、自分の熱量を上げると相手の方の印象に残るし、周りの人たちにも影響を与えられるようになっていくんです。

私自身、イベントを開催したり、テレビに出演して商品を説明したりする場合には、熱量が全てだと思っています。自分が心の底から、「これを伝えたい」とか、「このアイテムはいい」と思っていたら、自然とエネルギーが湧いてくるんです。もし、何かに取り組んでいる際に、やらされている感や義務感を持っていると、一瞬、熱が上がっても、すぐに下がってしまいます。一方で、自分が心から納得して、自分の魂がワア〜っと燃え上がっている時には、熱量というのは下がらないんです。

よく、「その気になれない」と言っている人がいますが、それは、自分が本当に心からやりたい夢や目標ではないからでしょう。また、ある程度の年齢になると、「今までやってきたことは、自分が本来やりたいことではなかった」と気付き始める女性もいると思います。やっぱり、これからの人生は、自分のために生きていってほしいですね。

たとえば、今までは家族のためだけにお料理を作っていたけど、自宅に友達を呼んでお料理を教えてみたら、すごく評判が良かったので料理教室を開くようになったとか、きっかけは何でもいいと思います。自分が身に付けたことを、人に教えられるというのは素晴らしいこと。特に、女性が仕事で起業するというのはすごく大変なことなので、自分の才能を次のステージで活かすために、自分の得意なことを身近なところから広げていくというのもありだと思いますよ。

ハンドメイドが得意だったら、手作り作品を作って作家さんのアトリエに売り込んでみるとか、ネットで自分のショップを開設して販売してみるとか、やる気になりさえすれば、いくらでも道は開けてきます。

あなたの夢に向かって、まずは、最初の一歩を、踏み出してみてくださいね。

熱量＝エネルギーが自然と沸き上がってくるような毎日を過ごす

45 自分で名乗った時から、その道のプロ

プロと名乗るためには、何が必要だと思いますか？　専門学校での訓練や、どなたかに師事しての何年間にも渡る修業期間？　たしかに、そういった経験をした人たちの中にも、プロの方は沢山いることでしょう。でも、世の中には美大を出ていない人が一流の画家やイラストレーターとして活躍していたり、音大を出ていないものの売れっ子のミュージシャンになっているといった事例はいくらでもあります。実は、その人が自分のことを「私は何々のプロです」、「何々のアーティストです」と名乗ってしまえば、その瞬間からその人はプロなんです。つまり、スタイリストでも、ライターでも、ヘアメイクアップアーティストでも、自分でそう名乗った瞬間から、その道のプロになってしまうんです。

私と同世代の友人の話なんですが、先日、一緒に海老原露巌《ろげん》先生の書道教室に行ったところ、すっかり書道を極めることに目覚めてしまいました。その後、本気で女流作家を目指し、何と書道を始めて数か月後には、その情熱と気迫で、パリで開催される書道展に出展するための切符を手にすることができたんです。彼女の作品を見ていると、単なるやる気ではなくて、その気になっているのがよく分かります。それくらい作品に魂がこもって

いるんです。彼女は過去に大病をして、最近になってパートナーとの別れも経験し、まさに自分の生き る道や可能性を模索していた時に書道と出合いました。この時の書道展での彼女の作品が「流」というのが、また素晴らしいと思います。その気にさえなれば、自然と人生がいい流れになっていくもの。物事の流れというのは、自然に逆らわないのが一番なんですね。

これからの人生では、もう言い訳はなしにしましょう。「私は専門の学校に通っていないから」とか、「もうこんな齢だから」とか、あるいは「家族が反対するから」とか。40代以降は、それまでの数十年間と比べると、あっという間に時間が流れていってしまいます。言い訳ばかりしているうちに、人生の終盤を迎えてしまうこともあり得るんです。

さあ、自分の胸に手を当てて、自分が小さな頃に思い描いていた夢や目標を、今一度、思い出してみてください。実は、自分が本気になれることというのは、大人になるまでの経験や思い出の中にヒントが隠れていることが多いんです。

夢を叶えるのに、遅すぎるということはない

本気になれるものを見つけて、大きな目標を持って、自分の夢を叶えていってください。

46
自分にリミットをかけない

私自身、メンタルコーチとしての立場から、「自分の無限の可能性に挑戦しなさい」といったことを常に指導しているので、自分自身にもリミットをかけないで挑戦していくようにしています。どうか、あなたも、「自分にはちょっと大きすぎるかな」と思えるくらいの壮大な目標に果敢に挑戦していってください。

潜在意識というのは、起床後3時間以内が一番効果を発揮するので、私は起床してすぐに、イメージングノートに自分の夢や目標などを書き出すようにしています。あとは、歩いている時にも潜在意識が働くので、海辺を散歩しながら自分のイメージを広げたりもします。お気に入りの写真などを貼ったイメージングボードを自室に掲げている人もいますが、もちろん、そちらもお勧めです。

実は、現在のパートナーと出会う数年前に、「将来はこういったタイプの男性と一緒になりたい」というようなことをイメージングノートに書きだしていたんです。先日、改めて、それを引っ張り出して読んでみたところ、ほとんどの要素が彼に当てはまっていて驚きました。彼は精神的に大人の男性で、何にでも感謝できる人なんです。

私も最近になって、ようやく「感謝」という言葉の意味が、本当に心の深いところから湧き上がってくるようになりました。そして、この「感謝」という言葉こそ、成功へのパスポートに他ならないことを実感しています。

「ありがとう」や「感謝します」は、幸せになれる魔法の言葉。どんなシーンでも、心を込めて、「ありがとう」、「感謝します」と口にするようにしましょう。無礼な人、失礼な人に対しても、「ありがとう」と感謝することで、自分の品格を上げることができます。

また、協力してもらいたい人や起こってもらいたい物事には、「ありがとう」、「感謝します」と先にお礼をしておくと、それらのものが現実に引き寄せられると言われています。

「ありがとう」、「感謝します」と口にした途端に、心の中にも外にも敵がいなくなって、全てのものがあなたの味方をしてくれるようになりますよ。

あなたも、ぜひ、この魔法の言葉を使って、幸福な人生を引き寄せてくださいね。

感謝こそ、幸せへのパスポート

47 思いが強ければ、大きな願いも叶えられる

私は若い頃から、母に「やりたいことは何でもやりなさい」と言われてきました。そのおかげで、18歳の時から単身ロンドンに渡って、ヘアメイクアップアーティストとして活躍することができたんです。20代半ばに日本に帰国してからは、私の周りにいた向上心の高い大人たちから、「そんなことを言っていたら、その辺の女になっちゃうよ」、「人より抜きん出ろ」などと叱咤激励されていました。そして、この頃から、「ヘアメイクアップアーティストとして天下を取る」といった野望が芽生えてきました。

色々な方のヘアメイクを担当させてもらう中で、「この人に任せたら、現場の空気が良くなる」と認められるようになりました。そして、あるCM監督のご指名で、元小泉総理のヘアメイクの仕事を任されるようになったんです。その時のご縁から、安倍総理やファーストレディーの昭恵夫人のヘアメイクも任せていただけるようになりました。

このような経験を積んできた私からあなたにお伝えしたいのは、心から強く願ってさえいれば、どんな大きな夢も叶えられるということです。その際に、「私には無理かもしれない」とか、「そんな実力は私にはない」などといった否定的な気持ちは絶対に持たないこと。

心から願ってさえいれば、現在の等身大の自分や、現在の状況や立場に関係なく、大きな夢や思い描いた通りの未来を引き寄せることができるんです。ただし、それには、もちろん努力というのも必要になってきます。

昔は思いもしませんでしたが、齢を重ねるごとに、私も遠い祖先に思いを馳せることが増えてきました。改めて自分のルーツについて両親に尋ねてみたところ、母方の祖先が織田信長の家臣だったということが分かりました。また、地元名古屋には、海運業者をしていた祖先が作った「内田橋」という橋も現存していました。

そういったことを踏まえ、今までの私の人生を振り返って考えてみると、「天下を取る」という野望は、祖先から脈々と受け継がれてきたもののようにも思います。祖先が積んできた徳に感謝しつつ、大きな夢を描いていくことで、願い通りの未来を引き寄せられるんじゃないかと思っています。

あなたも心に大きな夢を描いて、その夢に向かって一緒に羽ばたいていきましょうね。

大きな夢を叶えたいなら、自分に対して半信半疑になってはいけない

48 お金というのは血液である

お金というのは、血液でもあり、エネルギーでもあります。そして、お金を手に入れることができる人というのは、お金を引き寄せる力がある人です。

一方で、いつもお金に苦労している人というのは、おそらく幼少の頃から両親に「お金の話をするのは良くない」、「お金は汚いものだ」、「お金を儲けるのは良くない」といったような価値観を潜在意識に植え付けられているために、お金に対してのブロックがかかっている恐れがあります。「お金はいいもの」で、「お金を儲けることは良いことなのだ」という考え方にシフトできると、お金というのは自然と周りに集まってくるものなんです。

「お金が好きです」と口に出すことは決して悪いことではないんですよね。

この齢になって分かってきたんですが、「あの人はお金儲けが得意だよね」なんて言われるのではなく、「たまたま好きなことをしていたら、後からお金が付いてきていた」というのが理想ですよね。

お金に執着するのではなく、お金に感謝の気持ちを持って、お金と仲良くするようにしていると、お金のほうから寄ってくるようになるんです。

以前、雑誌で対談した風水の先生から言われたんですが、「お金も生きていて心があるから、お財布は3年に一度は買い替えて、お金の住む所をきれいにしておきなさい」ということでした。その先生からは、金運が上がるお財布についても教えていただきました。その際に、「ベージュで、金の金具が付いたお財布がいいですよ」と言われて、そのカラーのお財布を持っていたこともありますし、ヘビ革やワニ革のお財布にしていたこともあります。特に、「エルメスオレンジ」カラーのお財布は、お金の引き寄せ力が強いみたいですよ。

聞くところによると、新しいお財布を購入した直後に、自分がお財布に覚えさせたい金額のお札を入れて1週間寝かせておくと、それに相応するお金が入ってくるようになるんだそうです。だから、「最近、お金の入りが悪いなあ」と思ったら、まずは、お財布を買い替えてみてください。また、購入するお財布は、やはり、1000円、2000円といったものではなく、数万円程度はするものにしてくださいね。

その他には、自分よりしっかりと稼いでいる人に、自分のお金を渡してお財布を買ってもらっても、やはり、金運が上がるそうですよ。

いい女は、お金と仲良し

49 お金と賢く付き合っていく

金運を上げるためには、お金のお家であるお財布をいつもキレイにしておくのが基本なんですが、お財布の中にはお札以外の紙類を一切入れないことも大切。よく「小銭入れは別にしています」という人は多いんですが、実は、領収書やカード類なども別のお財布かポーチに入れておく必要があるそうです。

常にお財布の中を整理して、お財布を休ませてあげるようにしましょう。お財布の中をキレイにしておくと、また、お金が戻ってくるんです。なぜかというと、お金というのは、キレイなところに入りたがるから。

また、お札が折れないように、長財布にするのも基本中の基本。ただし、お財布などにこだわる以上に、「自分には富を受け取る権利がある」とイメージすることのほうがずっと大切です。まずはここから始めてください。

人生を生きていく中で、色々と状況が変わって、お金についての不安を感じることもあるかもしれません。そんな時こそ、新しい変化の時が来たと捉えて、良い方向に行くための転換期と信じて、必ずこの先の人生は良くなるといった明るいイメージを心の中に描いていくようにしましょう。

もし不安に思っている時間があったら、閃《ひらめ》いたことをすぐに行動に移すこと。考えて悩むより動くことのほうが、ずっと大切なんです。不安に陥る人のパターンによくあるんですが、何も行動を起こすことなく、ただ不安感を募らせて、その状況から身動きが取れなくなってしまっているんです。

「お金がない」というところにフォーカスを合わせていくと、そのエネルギーが増幅されて、どんどんマイナスの方向に行ってしまいます。だからこそ、「お金は充分にある」、「自分は充分に満たされている」、「欲しいものは、何でも手に入る」、「いい仕事に巡り合える」、「仕事の上で、大きな契約を結べる」というような、思わず笑いがこみ上げてしまうようなプラスのイメージをし続けていってください。

その結果、あなたのところにお金が沢山舞い込むようになったら、「お帰りなさい」と温かく迎え入れてあげてくださいね。そうすると、さらに金運が上がって、お金がスムーズに循環するようになりますよ。

お金というのは、キレイなお財布の中にいることを好む

50 意味のあるお金の使い方をする

長い人生を生きていく中で、お金というものは自分と切っても切れない関係のもので、お金がなければ、どんな人も生きていくことはできないでしょう。大人になると、あの手、この手で儲け話が寄ってきますが、投資話でも儲け話でも、「上手い話というのはない」と思っておいたほうが間違いはないですよね。

ある年代になると、経済的に不安になってくる人も多いので、「これをやっておけば安泰だろう」と思って、つい投資などに手を出してしまう人も少なくないようですが、一時的に儲かったように見えても、長期的に見ると、やはり、そんなに上手い話というのはないように思いますね。

お金というのは、やはり、真面目に引き寄せるべきもの。たとえ親しい人からのお誘いだとしても、怪しい投資話や儲け話には絶対に便乗すべきではありません。もし、本当に儲かるとしたら、誰にも教えないで、自分だけでこっそりと投資するはずですからね。そういったことを、50年かけてようやく学べました。

やはり、意味のあるお金を使うことでしか、意味のあるお金は戻ってこないんです。たとえば、お世話になった人にご馳走やお礼をするとか、そういった実りのあるお金の使い方をするようにしましょう。あるいは、自分が応援したいと思った団体の活動資金などに寄付してみてはいかがでしょうか。

お金というのはエネルギーなので、エネルギーが高まってくると、お金というのはどんどん引き寄せられるんです。だから、お金の入りが減ってきた時というのは、おそらく自分のエネルギー量が減っている時。

また、「自分にはお金を生み出す力がある」ということを、自分自身に言って聞かせることも重要です。自分に、「お金を稼ぐ才能がある」とか、「富を受け取るに値する人間である」という許可出しをしてあげるんです。いつもお金に困っている人というのは、結局、自分自身への許可出しが足りてないんですよね。

実は、お金ほど引き寄せ力が試されるものはありません。日本人は、特にお金に関する許可出しが下手な人が多いような気がします。これからは、もっと自信を持って、自分に必要なだけのお金を引き寄せるようにしてくださいね。

必要なお金を受け取るには、自分への許可出しが必要

51 一流の男性は、どんな時でも紳士

私は、二十歳の頃からハリウッドスターなどの大物のヘアメイクを担当させてもらってきました。そういった大スターと呼ばれる方々の仕事をさせてもらっているうちに、彼らがたとえ言葉に出さなくても、「次に何をしてほしいか」あるいは、「今、構ってほしいかどうか」といった、心の距離感を自然と把握できるようになったんです。

印象深い思い出といえば、刑事コロンボを演じたピーター・フォークさんが、サントリーのCMに出演されるために来日された際に、そのヘアメイクを担当させてもらったこと。当時、私はニューヨークから帰国した直後で、まだ24〜25歳くらいだったと思います。その日、彼の様子を見て、撮影の前に丁寧にマッサージをしてさしあげたところ、とても喜んでくださいました。撮影の次の日が雛祭りだったんですが、その日の朝に事務所に桃の花と小さな雛人形のセットが届けられたんです。差出人を見てみたら、何とピーター・フォークさんからで、「あなたと一緒に仕事ができて良かった」とメッセージまで添えられていました。彼のハートの温かさには本当に感激しました。

あらゆる業界の大物の方々のヘアメイクを担当させてもらった経験から言えることは、

歴代の首相をはじめ、大スターや大企業の会長さんなどといった超一流の男性というのは、決して威張らないということです。こういった方々は、女性に対する扱いも丁寧で、心優しい対応をしてくれます。

また、超一流の男性たちに共通していることは、全体的に清潔感があって、いつもフレッシュな印象を受けるということ。身のこなしや言葉遣いもキレイで品格があるんです。もし、本物のいい女になりたいのであれば、そういう方々の隣にいても釣り合うようなファッションや会話の仕方、立ち居振る舞いなどを、意識して表現してみるのも大切なことなんですよ。

また、憧れの俳優さんが出演している映画などを観ていると、いい男の隣には必ず、いい女が出てくるので、それをお手本にしてみるのもお勧めです。

エレガントさや優雅さを意識して振る舞うことによって、セルフイメージが高まって、素敵な紳士とのご縁が広がっていきます。まずは、できることから一つずつ、始めてみてはいかがでしょうか。

一流の紳士を通じて、いい女道を極めよう

52 理想の男性を引き寄せるには

理想の男性を引き寄せるためのとっておきの秘策をお伝えしましょう。まずは、自分の一番お気に入りのノートとペンを用意してください。お気に入りのステーショナリーを使うと、気合いの入り方が全然違ってきますから。

そのイメージノートに、まずは理想とするパートナーの「基本」、「性格」、「感性」、「仕事」などを書いていきます。私は、潜在意識の活用法について学ばせてもらっていたジョイ石井先生から、このイメージノートを教わって3年くらい前から実践していますが、恋愛だけでなく、仕事の面でも、次々と願いが叶っています。

たとえば、「基本」のところには、「独身。日本人。外国人。お金持ち。大人の男性。心の器の大きい人。キレイ好き。自分に自信のある人」などと書いていきます。

「性格」や「感性」のところには、「誠実で嘘をつかない人。前向きな人。連絡をマメにくれる人。感情表現の豊かな人。他人や子供に優しい人。私や私の家族をケアできる人。心穏やかな人」などと書いていきます。

最後の「仕事」のところには、「お互いの仕事をリスペクトできる人。国際的な仕事をしている人。誠実な仕事をしている人」などと書いていきます。

イメージノートには決してマイナスのことは書かないということと、「ちょっと欲張りかも」と思うくらい高めの理想でも遠慮なく書いてしまってくださいね。

よく、「二兎を追う者は一兎をも得ず」といいますが、こういうことを口にする人は、おそらく、二兎を同時に追ったことがないのでしょう。実際に、二兎を追ってみると、二兎を得られる可能性もあるということがよく分かります。そのためには、潜在意識を活用することが肝心なんです。

女性の中には、「仕事で運を使い果たしちゃったから、もう恋愛は諦める」というようなことを言う人がいますよね。実際に、私も友達などから「もう仕事で成功しているのだから、恋愛が上手くいかなくてもいいじゃない」などと言われたことがありました。

本当は、仕事の運気が上がってくると、恋愛運も上がってくるなど、運気というのはほぼ同時に上がってくるものなので、どんどん理想を描いていくことが大切なんです。

イメージノートを活用して、人生にオーダーをする

53
理想的なパートナーとは

男性の顔相を見る時に、特に大切なポイントというのは口元です。というのも、その人の口元を見れば、大体の性格が分かってしまうからです。まずは、口角が下がっていないことと、口元が歪んでいないことが肝心。口角が下がっている男性というのは不平不満が多く、運気も下がりがちです。また、口元が歪んでいる男性というのは、平気で嘘をつく傾向にあります。

反対に、口角が上がっている男性というのは常に気持ちが前向きで、滅多に愚痴を言うこともありません。その結果、金運や仕事運なども上がって、晩年になるにつれて、人生が上向きになっていくんです。

それと、おでこにくっきりとした〝三本じわ〟がある男性というのは、人格者なのでお勧め。これまでの人生において、社会や自分、家族に対して多大な貢献してきた結果、それが、三本のしわとしておでこに刻まれているんです。

また、パートナーの性格についてですが、ともかく、ありのままの自分でいられる相手を選ぶようにしましょう。お互いに本音を言い合える関係というのが理想ですよね。そのためには、お互いに歩み寄って、心を重ね合わせられる相手がベストです。

まあ、「こういう男性がいいよね」と理想を語ったところで、実際にお付き合いしてみなければ、その人の本質というのは理解できないですよね。男女のお付き合いにおいては、最初はお互いに、なるべく自分のいいところを相手に見せようとするでしょうし、中には、本当の自分を隠して演技をする人もいます。どんな人でも、最初は幸福への期待感を持って結婚するもの。だからこそ、面白くもあるし、反対に大変な思いをすることもあるんです。「こんなはずではなかった」と後悔することのないように、これからのパートナー選びは、その人の人間性や本質などをじっくりと見るようにしてくださいね。

今までに色々な男性とお目にかかってきましたが、その人がどんな人生を送ってきたかで、人への接し方や顔つきというのは大きく変わってきますよね。だから、この齢になって選ぶパートナーは、ある程度苦労を重ねて、成熟してきた男性がお勧め。苦労してきた人というのは人の痛みが分かるので、その分、人としての思いやりや優しさに溢れているように思いますね。

パートナーは、本音で語り合える相手を選ぶ

54 男の生き様というのは、顔に表れる

男性の顔にあるしわの中で、最も理想的なしわというのは、あの「サザエさん」に出てくる波平さんのおでこにある〝三本じわ〟です。顔相学的に見た場合、この〝三本じわ〟を持っている男性は、いわゆる人格者なので、最高にいい運気を持っています。まさに、男の勲章なのです。ちなみに、この3本のしわが切れ切れになっている場合は、これには当てはまりません。

また、3本のしわには、それぞれに意味があります。まず、一番上のしわは、社会に対してどれだけ貢献してきたかを、真ん中のしわは、自分自身に対してどれほど真摯《しんし》に生きてきたかを、そして、一番下のしわは、家族にどれだけ貢献してきたかを表しています。

世の中には、恋愛したい人や、結婚あるいは再婚したい人が、沢山いることでしょう。それだからこそ、顔相学的に、男性の見るべきポイントを把握しておくことが肝心です。まずは、お顔にくすみやシミなどがない男性がお勧め。お肌のくすみやシミというのは、内臓系や免疫系の弱りを表しているからです。また、頬がこけているとか、口角が下がっているとか、全体的に鼻から下が落ちている男性と付き合うことはお勧めしません。自分

の運気も一緒に下がってしまいます。

男性の顔相を見て、一番注視すべきところは実は口元です。喋っている時に口元が歪む、あるいは、口が半開きになっている男性は要注意。特に、会話中に口元がゆがむ癖のある男性というのは平気で嘘をつくし、不誠実な面があります。これらのことは顔相学でも言われています。

一方、頬にホクロがある男性は働き者なので、とてもお勧めです。それと、男性の鼻や顎というのもすごく重要。まず、鼻というのは金運と健康運を表しているので、鼻柱がしっかりとしている男性が理想的です。また、引き顎の男性は情に薄く、晩年に苦境に陥る運命にあります。反対に、顎が突き出ている男性というのは、愛情表現が豊かです。

ある程度の年齢になったら、男性の顔を見る際に、「感じがいい」、「笑顔が素敵」、「端正な顔立ちをしている」などといった表面的な魅力だけではなく、内面から溢れているその人自身の魅力にも目を向けられる女性でありたいですね。

いい男は顔相もいい！

55 いくつになっても、感性を磨き続ける

味を探求しながら食べることも、いい女としての味覚を研ぎ澄ますためには大切なこと。さらに感性を磨き上げることで、新しい世界が広がっていきます。味わい方一つ変えるだけで、味覚を通じて豊かな香りや風味の旅を堪能できるようになります。

どうか、今までの自分とは違う、大人の女性ならではの味わい方をしてみてくださいね。そうすることによって、いつものレストランの味もさらに美味しく感じられるようになったり、ご自分で作るお料理の味付けや演出もグレードアップしていくのではないでしょうか。感性というのは磨き続けることで、さらに輝いて研ぎ澄まされていくものなんです。

美食家として最も尊敬している、料理評論家の山本益博さんに「一流の味を堪能して、一流の職人の仕事を目にすることが、あなたの感性を磨くためには、とても大事なことなのですよ」と言われて、いくつかの名店に連れて行ってもらったことがあります。益博さんと同席させていただいた中で特に感銘を受けたのは、世界中から注目を浴びて、『二郎は鮨の夢を見る』という映画にもなった、「すきやばし次郎」の小野二郎さんの仕事へのこだわりと美意識の高さでした。

90代を迎えた二郎さんが今でも、「私は、毎日、もっと美味しくなるためには、どうしたらいいのかと味の探求をし続けています」と語る姿には感動を覚えます。次郎さんは40歳を超えた辺りから、外出の際には、必ず手袋をはめているそうです。「お客様へお出しする大切なお寿司を、年齢を重ねてシミだらけの手で握られたら、美味しく見えないでしょう」と言われて、次郎さんの白く透き通った、シミのない美しい手を見ていたら、涙が出るほど感動しました。まさに、感性を極めていくと神々しい大人になっていくのだと思いますね。

このように、味や感性の探求というのは、いくつになっても終わりがないんです。二郎さんは身をもって、美味しいものへの探求と美しい生き方というのを教えてくれているんでしょうね。彼の「人に美味しいものを作りたい」というプロとしてのプライドや美意識の高さを、私も美容のプロとして見習っていきたいと思っています。

ご自分の感性を磨き続けて「いつまでも、カッコいい女!」、これが私たちの合言葉です。感性を磨き続けることで、自分自身が味わい深い、いい女になれるんです。

感性を磨くことで、よりいい女になれる

56
パートナーは、選択と集中で引き寄せる

「結婚相談所 インフィニ」の佐竹悦子社長と初めてお目にかかったのは、あるパーティー会場でした。色々とお話をさせていただく中で、「私もそろそろ生涯のパートナーを見つけたいんです」とお伝えしたところ、「じゃあ、一度お話を聴きにいらっしゃい」と声を掛けていただいたんです。それまでは全く結婚相談所というのは頭になかったんですが、その頃はあまりにも自分の男性を見る目に自信をなくしていたので、その助言に乗ってみることに。佐竹社長は福々しいお顔で、実にエレガントな女性でした。また、幸せな結婚生活を送っている人特有の幸せオーラを感じたので、「この方が面談をして選んでいる人なら、素敵な出会いがあるかもしれない」と思って、相談させてもらいました。

私は30年近く、ずっと働きどおしだったので、敢えて資産家の男性ばかりを紹介してもらいました。資産数十億円とか、自家用ジェット機を何台も所有しているような、そういったクラスの方々とは普通はお見合いできないですからね。他には、老舗店の跡継ぎだったり、政治活動をしている方だったり、エリートサラリーマンだったりと、実に幅広いタイプの男性がいらっしゃいました。

女性の中には、引っ込み思案な方や、「もう歳だから」と言ってすっかり自信をなくしている方も多いと思いますが、そういう方にこそ、ぜひ、佐竹社長のお話を聴きに行ってもらいたいですね。実際には、いくつになって婚活を始めても、決して遅くはないんです。なぜかといえば、お見合いをすることによって、「結婚したい」という意識に変わるから、お見合い以外の場所でも、本気で結婚したい人たちを引き寄せられるようになるんです。

おそらく、〝選択と集中〟が結婚に向かうことによって、自分の波動が上がるんでしょうね。何事にも、この〝選択と集中〟というのが肝心で、本気で結婚したいのなら婚活をしっかりとやったほうが絶対に成果を挙げられるはずです。もし、セレブ婚に憧れている女性がいたら、こういったシステムを利用するのは賢明だと思いますね。

お見合いという場では、女性はいくつになっても、見た目が１００パーセントです。そのためには、自分に磨きをかけて、常にチャンスを逃さないようにしてください。もし、最高の自分を演出したいのなら、プロによるメイク指導はもちろんのこと、メイクアップや写真撮影などをプロにお任せしてみるのもお勧めです。

恋愛や結婚を成就するには、選択と集中が大切

57 セックスレス解消のススメ

人生を共にしているパートナーとのスキンシップの問題で悩んでいる女性は、世の中に結構多いんじゃないでしょうか。実際に、私自身、その手の相談をよく女性から受けます。でも、そういうことで悩んでいる人たちを見てみると、パートナーに対して思いやりのない言葉を吐いていたり、ほとんどお化粧もせず、あまり身なりに構っていない人が多いんですよね。

たとえば、仕事帰りのパートナーを迎えるのに、いつもスッピン&パジャマ姿でいたりしませんか？

「お腹が冷えるから」といった理由で、へその下まであるような〝おばさんパンツ〟ばかりを履いていたりしませんか？

あるいは、何年も前に買った、色褪せた下着をそのまま身に着けていませんか？

一説によると、色褪せた古い下着ばかりを身に着けていると、女性ホルモンが活性化しなくなってしまうんだそうです。だから、「たかが下着」と思ってしまうのは、すごく危険なことなんですよ。

男性というのは、いくつになってもずっと少年の心を忘れないもの。そのため、自分のパートナーが、色気のない恰好ばかりしているのをずっと目にしていると、次第に、女性としての興味を失っていく恐れがあります。やはり、男性目線で、〃グッとくる〃恰好をしていることは、パートナーに対するマナーなんじゃないでしょうか。

さらに、身体を引き締めることも大切です。私は時間を作っては、スクワットやトレーニングなどをして身体を甘やかさないように気を付けています。みなさんも、自分に合った体の動かし方で、ボディラインや体のコンディションをキープしてくださいね。

それと、これもとても重要なことなんですが、あなたはパートナーに対してダメ出しばかりをしたり、毒のある言葉を吐いていたりはしていませんか？　パートナーをけなすということは、「自分の選択が間違っていた」と自分に向けて言っているのと変わらないので、いずれ、自分自身に跳ね返ってきます。

パートナーとのスキンシップの問題で嘆く前に、そもそも、自分が相手に対して、人としての思いやりを持って接しているのかを、まずは振り返ってみることが肝心ですよ。

いい関係は思いやりから生まれる

58 いつまでも、魅力的な女性でいるようにする

女として生まれたからには、いつまでも、パートナーから、ちょっかいを出されるような魅力的な女性でありたいですよね。男と女は、セックス以外にも、パートナーがお尻や背中に触れてくるなどの、ちょっとした肌の触れ合いが大切なんじゃないかと思います。でも、お肌がざらついていたり、体がたるんでしまっていると、そのうちに、パートナーから関心を持ってもらえなくなるかもしれません。

私が周りの男性既婚者たちからよく聞くのは、「結婚前とあまりに体型が変わってしまった」、「結婚前は彼女も努力をしていたのに」といった失望の声。やはり、一緒に暮らすようになって、女磨きの努力を怠ってしまうのは、もったいないですよね。私の知り合いに芸能人のご夫婦がいるのですが、結婚20年目を迎えるのに、相変わらず仲睦まじいんです。成人間近のお子さんも二人いるのですが、奥様は未だに旦那様が起きてくるまでに、身支度を済ませておくように心がけているそうです。また、旦那様の機嫌が悪い時には、温かいコーヒーを淹れてあげて、話題を切り替えるようにしているとか。

長く付き合っていく上で、相手が何をしたら嫌がるかを認識していることは、とても大

切。私はパートナーと「お互いに気になるところがあったら、すぐにその場で話し合う」というルールを決めて実践するようにしたところ、最近はほとんどケンカすることもなくなりました。

二人の関係をいつまでもフレッシュに保ちたいのなら、「自分の取扱説明書」を作成して、お互いに交換してみてはいかがでしょうか。たとえば、「自分はこういうことをされたら、機嫌が悪くなる」とか、「こうしている時が一番幸せ」といった具体例を挙げていくんです。自分の「取扱説明書」を作っておけば、入籍した後に、「こんなはずじゃなかった」なんてお互いに失望するカップルが少しは減るかもしれません。

現在フリーの方でも、自分の「取扱説明書」を作成してみることをお勧めします。その結果、近い将来、理想的なパートナーを引き寄せられるかもしれませんよ。実際に、私自身、そうやって現在のパートナーと巡り会えたんだと思って、心から感謝しています。

自分の取扱説明書を作って、パートナーと共有してみる

59 一人上手こそ、二人上手

自分一人の時間を楽しめるようにならないと、パートナーと上手くやっていくことは難しい。最近になってそんなことをよく思います。やはり、大人の恋愛というのは、男も女も自立していて、お互いを尊重できる関係が大事なんだと思いますね。

世の中を見ていると、男の人というのは自分の時間を大切にしている人が多いですよね。どんなに親しい間柄になっても、男性には「ここから先の領域には入ってこないでほしい」という部分があるように思います。また、女性の方も、大人として一人の時間を楽しめるようになってこそ、パートナーといる時間をより楽しめるようになるんじゃないでしょうか。

二人でいても、空気のような会話ができる関係というのが理想的ですよね。そのためには、相手の時間を尊重してあげることが大切なんだと思います。女性の中には、付き合う相手ができると、四六時中、相手と一緒にいないと気が済まないなんて人もいますよね。男性というのは、ある程度、自由にさせてもらって、二人でいる時には可愛く甘えられるなど、メリハリのあるお付き合いを好むものです。また、そういった相手の意志を尊重できる女性とは、いつまでも、いい距離感を保てるんです。

もし、今のパートナーといい距離感が保てずに、パートナーから支配されているとか、我慢を強いられているような関係だとしたら、そのパートナーとは決別して、新たな恋に飛び込む勇気も必要じゃないでしょうか。今まで数十年間も生きてきたのですから、もう分かっているはずです。「いつか相手が変わってくれるかも」などという甘い幻想は手放してしまいましょう。そして、「必ず、幸せになる」と心に決めることが肝心です。

そのためには、自分自身に「幸せになるという許可」、「愛と平和と調和と富を受け取る許可」を与えてあげてくださいね。さらに、「私はそれらを受け取るのに値する人間です」と、１日に何度も空に向かって言ってください。この許可出しができていないと、いつまでも真の幸福には辿り着けないんです。

今後の10年間というのは、女性にとって幸せになれるかどうかの決め手になる重要な時期なんですよ。さあ、幸せに向かってＧＯしましょう。

幸せになるという許可を自分に出してあげる

60

過去の心の奴隷にはならない

過去に遭ったマイナスの話ばかりをしていると、エネルギーが落ちて、人相が悪くなってしまいます。さらに、口から出た言葉というものは、全て自分への災いとなって返ってきます。過去の辛い体験をわざわざ口に出すということは、過去の心の奴隷になっている証拠なので、もう一度、自分の脳内でリピートしているのと同じこと。

潜在意識というのは、いいことも悪いことも区別が付かないので、「この人は、もう1回、そういう体験をしたいのかな？」と思って、同じような体験をさせようと働きかけてしまうんだとか。たとえば、現パートナーに対して、いつも不満ばかりを口にしているとしたら、現状を変えてみる努力をしてみてはいかがでしょうか。

もし、これから先の人生を豊かに幸せに過ごしていきたいのなら、過去に起こった出来事は全て受け入れてしまいましょう。その上で、「そういう体験をさせてくれて、ありがとう」という気持ちになれたら最高ですね。ハワイの「ホ・オポノポノ」にも、「ありがとう」、「ごめんなさい」、「許してください」、「愛しています」という４つの言葉がありますが、それらを自然と口にできるようになれたらいいですよね。

男だから女だからという以前に、お互いに素直に心を通い合わせられるパートナーと巡り合わないことには、真の意味で幸せとはいえないんじゃないでしょうか。世の中には、ツインソウルといって、ご自分の魂の片割れであるパートナーが、必ず存在していると言われています。初対面なのに、初めて会った気がしないで、ありのままの自分でいられる人がいたとしたら、その方は、あなたのツインソウルなのかもしれませんね。

ツインソウルは精神的な面だけでなく、体の相性もいいのが特徴で、必ず、男性側からアプローチして、恋人関係になるのには時間がかかるそうです。またツインソウルの男性とは、女性側が本来やりたかった仕事を達成するなどして、自分の人生のステージを上がった時に、ようやく巡り会えるとも言われています。

あなたも、本来自分が目指していた夢や目標に向かって努力することで、魂の片割れであるツインソウルと巡り会うことができるかもしれません。そのためには、過去のマイナスの思いや出来事は全て断ち切って、前を向いて進んでいくようにしましょう。

潜在意識というのは、いいことと悪いことの区別が付かない

61

しんどければ、やめてもいい

日本人というのは、人の顔色を気にしたり、自分をよく見せようとして、気乗りしない誘いを断り切れない人たちが多いように思います。

どうしても気分が乗らずに、「なんか嫌だな」「しんどいな」と思った時は、実際に、「やっぱり行かなければ良かった」と思えるような、心が弾まない会合だったり、嫌な目に遭わされたりするものです。

しかし、それは第六感が働いたわけではありません。単純に、あなたの気持ちがマイナスモードだったからなんです。そして、マイナスモードの時というのは、次々とマイナスの出来事を引き寄せてしまうもの。だったら、初めから、「NO！」と断ってしまえば、マイナスのイメージを巡らすこともなく、後味の悪い思いをしなくても済むんです。

つまり、自分が「NO！」と言うことに対して、自分自身で「YES！」と言ってあげるんです。そのほうが、自分にとっても、相手にとっても、結果的に思いやりがあるということになります。

人に対して、「NO！」と言える勇気こそ、より「YES！」な人生にするために必要なことなんです。人生の限られた時間を、つまらないことや嫌な目に遭わされる反りの合わない人たちに費やすのは、もったいないですよ。タイムロスな上に、ストレスまで溜まってしまいます。

人とのお付き合いにおいては、煩《わずら》わしいことも多いと思います。ただ、いつも「こんなはずじゃないのに」と、あなたの気持ちを裏切るような人とは、今後、一切関わらないようにするのが身のためです。これは、友人、仕事仲間、パートナーの全てに共通します。どんなに好きだった相手でも、一緒にいて自分が苦しくなるような関係だったら、「ＮＯ！」と言う勇気を持ってください。

私も、人間関係で数々の失敗を重ね、なかなか「ＮＯ！」が言えない人間でした。でも、自分の心に正直になって「ＮＯ！」と言えるようになったら、公私ともに最良のパートナーが現れ、自信を持って、自分の人生に対して「ＹＥＳ！」と言えるようになったんです。

自分のために、相手のために、あなたも自信を持って「ＹＥＳ！」「ＮＯ！」を口にできるようになってください。

いい女は、自分の心に対して、『ＹＥＳ』、『ＮＯ』が言える

62

いい女は感情的にならない

心の器を広げるためにも、自分の感情の浮き沈みをノートに書くようにしましょう。1か月分書き溜めたところで読み直してみると、自分自身の感情のサイクルが分かるので、とても便利です。私は、これを「感情日記」と名付けて、人生に活用しています。

「感情日記」を付けるのに、難しい言葉を使う必要はありません。たとえば、イライラや悲しみなどのマイナスの感情におそわれたら、×マークなどを付けるようにしましょう。イライラや悲しみが晴れて心が楽になった日は、♡マークや☆マークなどを付けるようにしましょう。さらに、そういった感情の起伏が一目で分かる「ハートグラフ」を作るのもお勧めです。この1か月間の感情のバイオリズムが分かって、より自分のことが理解できるようになりますよ。たとえば、「雨の日は気分が沈みがち」とか、「台風の日は感情的になりやすい」、「晴れた日には体を動かしたくなる」などといったその人の特性というのが、必ずあるものなんです。

また、「感情日記」に様々なマークを付けておくことで、自分がマイナスの感情に陥る時の条件や癖などを理解できるようになります。たとえば、孤独感を味わっていたとしても、「そうか、もうすぐ低気圧が来るのか」などと客観視できるようになって、気楽に構えていられるようになるんです。さらに、その時の感情の起伏による細かい言動まで書き込んでおくと、未然に人関係のトラブルを防ぐこともできるようになります。

「感情日記」だけでなく、ご自分の誕生日から割り出す、月の満ち欠けと星座の動きを見ながら、毎月のバイオリズムに合わせて行動してみるのもお勧めですよ。たとえば、月の力が発揮されない「ボイドタイム」いうのがあって、そこには重要な案件を入れないということが大事なんです。

「感情日記」を上手く使って自分のことを分析し、行動できるようになれば、より良い人間関係を築けるようになります。その結果、友人や仕事仲間との関係だけでなく、パートナーとの関係もより改善されることでしょう。

この本を手に取ったあなたは、これからは天候や低気圧などに気分が左右されることはなくなります。さらに、潜在意識というものに気付いて、それを上手く動かせるようになると、周りの環境や状況に振り回されなくなることでしょう。

いい女は、自分のことを冷静かつ俯瞰的に見られる

63
幸せのゴールは、結婚でいいの？

結婚して夫婦になりさえすれば、そこが人生のゴールで、その後には「幸せな人生が待っている」と思っている女性というのは、意外と多いようです。でも、実際に結婚した人なら分かると思うんですが、結婚というのは現実生活そのものなので、結婚後のほうがよほど大変なんです。

結婚直後は、「真実の愛を手に入れられた」、「愛の保険に入れた」、「これで一生食べるのに困ることはない」などと、ぬくぬくしていられるのも束の間の話。相手にばかり、「幸せにしてもらおう」、「いつまでも愛され続けたい」と、全てを委ねて受け身でいると、あっという間に魔法は解けてしまいます。その結果、「こんなはずではなかった」と、枕を涙で濡らすことになるんです。

愛というのは、二人で育んでいくもの。夫婦にこそ、「親しき仲にも礼儀あり」の精神が必要で、育ってきた環境や長年、生きてきた歴史による価値観や生活習慣の違いを認め合い、お互いに寄り添う努力が必要なんです。そこで、二人だけのオリジナルの「あ・うん」のタイミングを育てられるかどうかが肝心。

私は植物が大好きで、自宅の庭でもガーデニングを楽しんでいますが、やはり、ちゃんと育つまでは気が抜けないものです。すくすくと育っていたと思ったら、葉っぱが虫に食われてダメになってしまったり、毎日、水をあげていても芽が出てこなかったりなどのトラブルは尽きません。きれいな花を咲かすためには、上手に水をあげ、上手に太陽の光を当て、虫などが付いていないかをマメに見てあげる必要があります。日々の細やかな観察と気配りが大切なんです。

夫婦関係もこれと一緒。お互いに、失敗を重ねながらも、常に感謝や労わりの言葉をかけたり、美味しいものを作ってあげたり、時には、相手の優れたところを思いっきり褒めてあげるなどの、相手へのリスペクトが大切です。その結果、夫婦愛という美しい花を咲かせられるようになるんです。

真実の愛というのは、二人で育むもの。そうすれば美しく、無償の愛が咲くことでしょう。どうぞ、植物を育てるように、二人の真実の愛を丁寧に、優しく育んでいってくださいね。

夫婦でお互いに光と水を与え合うことで、愛の花を咲かせられる

64 心の中を愛で満たす

女性というのは、常に愛を必要としているので、心の中を愛で満たすことは非常に重要なこと。そういった意味でも、これからの数十年間というのは、女性としての幸せを実感しながら生きていってほしいですね。

今までは、家族のためとか、社会のためとか、あるいは会社のためという大義名分で、自分を犠牲にして生きてきた女性も多いかもしれません。でもこれからは、そういった犠牲的な生き方は止めにして、個人として、女性としての幸せを噛みしめながら、毎日を過ごしていってほしいと思います。せっかく女性として生まれてきたんですから、「女として生まれて良かった」と思えるような人生にしないと、もったいないですよね。

20歳の頃、ロンドンに住んでいた時に、ある日本人の女の子が言った言葉が印象的でした。その子がフランス人の男性とばかり付き合っていたので、ある日、「なぜフランス人ばかりと付き合うの？」と聞いてみたところ、「私を姫として扱ってくれるから。女性として生まれてきたからには、姫として扱ってもらわないと意味がないでしょ」と言われたんです。私は彼女の姫体質の話を聞いて、当時は、「すごいことを言い切るなあ」と感心していたんですが、今思うと、彼女の考え方はすごく前向きで、素晴らしいですよね。

私は母性が強いので、これまでの人生では、男性から尽くされるよりも、男性に尽くすほうが多かったんです。でも、様々な経験を経て今思うことは、女性として、あるいは姫として、自分のことを大切に扱ってくれる男性と巡り会うことは、女性としてすごく幸せなんだということ。

そのためには、今の自分にできることを、とりあえず始めてみるといいと思いますよ。たとえば、身体を鍛えて自分の理想通りのスタイルになることを目指してみたり、好きな場所へ旅行に行ってリフレッシュするなどして、自分自身を可愛がってあげてくださいね。そうやって自分自身を大切にしていると、そのうちに自分を大切に扱ってくれるパートナーと巡り会えるんだと思います。

『母を訪ねて三千里』ではないですが、「自分の生涯のパートナーを探し求めて三千里」といったことに重きを置くことも大事だと思います。

自分を大切に扱ってくれるような男性を探していく

「しあわせ」

Illustrated by TAKAKO

大好きなすずらんのブーケを持った花嫁さん。しあわせ気分で絵を描いてみました。
すずらん花言葉は「ふたたび幸せが訪れる」です。

第4章

CHAPTER 4

開運と引き寄せ編

65
顔相学は心を語る

昔、ある現場で、一人のスタイリストさんに意地悪をされたことがありました。その人はまだ若いのに顔中がしわだらけで、とても違和感を覚えました。その時の経験から、「顔のしわと心の在り方には、何か関連性があるんじゃないか」と考えるようになって、顔相学に興味を持ち始めたんです。

観相学の始まりは、1600年前にも遡《さかのぼ》ります。お釈迦様の教えをより分かりやすく説くために、達磨《だるま》大師が考案した学問の一種で、「考え方を変え、顔を変えれば、人間は幸せをつかめる」という教えの元に、人の顔から運勢を観ていくものなんです。

顔相学について学びたいと思っていたところ、今から15年ほど前に、顔相学の権威の藤木相元先生との出会いがありました。藤木先生の下で学んでいく中で、思考が脳相に刻まれて、脳のしわがそのままお顔のしわとして表れてくるということが理解できました。私の直感は間違っていなかったんです。

私自身、顔相学を学んだおかげで、お顔のプロフェッショナルとしてレベルアップできましたし、幸せになれる「TAKAKO流引き寄せメソッド」の開発にも繋がりました。

長い人生、色々なことが起こりますが、その経験に対して「ありがとう」と思うことで、顔に苦労が刻まれなくなります。逆にいえば、いつまでも心の中にマイナスの感情を抱えていると、そういった感情も全て顔に刻まれてしまうということです。その結果、運気が落ちて、顔に影が出てくるんです。

特に気を付けなければいけないのが、鼻の頭に出てきた黒い影です。鼻というのは、金運や健康運を表しているので、鼻の頭に黒い影が出てきた時は要注意。

また、顔にあるホクロの位置も重要。たとえば、目の近くにあるホクロは、恋愛運を表しています。中でも、目頭にホクロがある場合、良きパートナーに恵まれるといわれています。鼻にあるホクロは金運を表しています。小鼻にホクロがある人は、金運、恋愛運ともに恵まれています。

私はメイクアップをする際に、こういった金運や恋愛運がアップするホクロを付けてあげたりもしています。また、自分でホクロを描いても運気アップにつながるんですよ。

いい女は、ほくろ使いを知っている

66

顔相は、35歳までに作られる

恐ろしい話ですが、心がくすんでくると、お顔もくすんできてしまいます。実は顔相というのは、35歳までに作られるんです。そこから先の人生においては、全面的な心の状態が顔の相に表れてしまいます。その際に、プラスの経験だけでなく、苦労してきたことや、悩んできたことの両方が顔相に表れてしまうんです。

いい人生を過ごしてきた人や、いい心の持ち方をしてきた人というのは、当然、いい顔相になってきます。一方で、誰かへの恨みや妬みを抱えて生きている、あるいは、「強制的にやらされている」といった不満を持っていると、そういったマイナス面が、全部、バ〜ンと顔相に表れてしまう。一生懸命生きてきて、苦労してきたこと自体は、本来は素晴らしいことです。でも、そういったマイナス面を、全て顔に背負わせてしまっているとしたら、もったいない話だと思いませんか。

よくセミナーでも話すんですが、40代以降の運勢というのは、鼻から下の顔相に表れてきます。あなたがお金でも愛でも、あるいは望み通りの仕事でも、しっかりとキャッチできるかどうかというのは、全部ここの相で決まってくるんです。この鼻から下の相がグイッと上がっていると、お金でも幸せでも愛でも全部受け止められるようになります。

反対に、ほうれい線やブルドッグゾーンが全部下がっていて、口角も下がっているとしたら、今まで持っていたお金や運も流れていってしまう恐れがあります。

だからこそ、私は常にメイクのイベントなどでは、「口角を上げて！」と口にしています。私が開発したターバンもファンデーションも、全部、お顔を引き上げることをテーマにしています。ともかく、お顔が上がっているということは、非常に重要なことなんです。

あと肝心なのは、お肌の張りと心の張りですね。また、お肌だけでなく、お尻や背中などの身体の張りも大切です。お肌や身体に張りがあると、当然、心にも張りが出てきます。

実際に、気持ちが後ろ向きの時や、病気になった時というのは、心や身体がしぼんでくるし、お肌も衰えてきますよね。それぐらい、女性にとってお肌や心の張りというのは重要なんです。

どうか、鏡の中のご自分の顔に微笑んで、素敵な毎日を過ごしていってくださいね。

いい女は、苦労を顔に背負わせない

67 心が落ち込んだ時には、空を見上げて

長い人生の中では、心が曇るようなことが起こりますし、どうしても笑顔になれない場合もありますよね。私は人生の壁を感じた時には、神社やお寺に足を運ぶことがあります。今まで数々のお寺や神社、パワースポット、教会など、世界中のご利益があるといわれている場所は一通り巡ってきました。

そうした中、私はある出会いから、鈴鹿の山奥にある椿大神社《つばきおおかみやしろ》に行くようになりました。ここでは猿田彦大明神をご祭神として祀っており、八百万の神様の船が着いたといわれている場所がそのまま残っています。猿田彦は天照大御神の孫であるニニギノミコトが地上に降臨してきた時に道案内をした神様と言われており、その奥様は天鈿女命《あめのうずめのみこと》。とても心地がいい場所で、天鈿女命というのは芸能と美の神様というところにもご縁を感じています。

私はこちらの椿大神社で、何度か滝行も経験しています。初回はかなり緊張しましたが、2回目以降は、滝行を通じて、自分の心を感じ取れるようになりました。滝行をすると、研ぎ澄まされるような感覚になって心に迷いがなくなります。自分と向き合えて、魂を浄化できる禊《みそぎ》は大切な儀式だと思っています。

弁財天様を祀っている江の島神社も由緒正しい神社です。そのせいか、その辺りの空を見上げると、空一面に龍の形をした龍神雲が出ていることがよくあります。数年前に、次々と災難に遭った時にも、よく龍神様に助けられました。辛い時に空を見上げると、大抵、龍神雲が現れて、「あなたを守っているよ」、「次はいいことが起こるから大丈夫だよ」とメッセージを送ってくれました。おかげで、前向きな気持ちになれたし、どん底の状況から這い上がることもできたと感謝しています。

また、何か新しいことにチャレンジしようとしていると、白い羽根が足元に落ちていることがあります。駅のホームに立っている時に、白い羽根がふわ～っと舞い降りてくることも。そういった白い羽根を目にした時は、エンジェルのサポートが入っているというサインなんだそうです。だからそういう時は自信を持って行動してみることをお勧めします。

ここでは、私のお勧めの神社をご紹介していますが、本来は、自宅の傍にある氏神様をお参りするのが、一番ご利益があるとも言われています。

感謝の心が全て

あなただけのマイ神社を見付けて、時々、心の洗濯をするようにしてくださいね。

68

人生の新しい流れを作るには

自分の周りの人間関係というのは、すごく重要。身近な友達やパートナーはもちろんのこと、職場の人間関係など、私たちは関わる人たち全てから影響を受けています。

もし現在、あまり人間関係の良くない職場にいて、それでストレスが溜まっているようなら、転職することをお勧めします。仕事へのモチベーションというのは、待遇面などの諸条件よりも、むしろ、社内の雰囲気や人間関係に左右されるところが大きいですから。

長い人生の中では、色々と大変なこともありますよね。みなさんの中には、さらに、ご自分の人生を繁栄させたいと願っている方もいらっしゃると思いますが、そういった方々に、今すぐ簡単にできる方法をお伝えしましょう。それはアドレスの断捨離です。

しばらく連絡が途絶えていたり、名前を見ても相手の顔が浮かんでこない方々のアドレスを、この際、思い切って削除してみてください。必要のない名前を削除していくことによって、新たなご縁が広がっていきます。

そして、ご自分の携帯のアドレスから何人かのお名前を削除したとしても、ご縁がある方からは連絡が来たりするのが、断捨離力の不思議なところですよね。

大人になると、心から分かり合える友達というのは、そんなに多くはいないですよね。この齢になると、親友と呼べるような友達はほんの2〜3人もいれば十分だと思います。自分がまだ何者でもなかった頃の、昔からの自分を知っている友達というのは本当に貴重な存在。そういう古くからの友達とたまに会うと、あっという間に当時の自分に戻っているのに気付かされます。

また、友達と呼べるほどの関係ではないにしても、心から尊敬できる人や、会うとモチベーションが高まる人というのもいますよね。こういった人たちとも、人生の要所、要所で会って話を聴いてもらったり、勇気づけてもらうことも大切なことだと思いますね。

子供の頃と違って、大人になってからの人間関係は、全て自分の選択次第。同じ時間を過ごすと気持ちが上向きになれるような人たちと付き合うことで、自分の運気も上がっていきます。そのためには、相手から見ても魅力的な存在でありたいですよね。

いい女は、断捨離美人

69「あいうえおの法則」とは

あなたは、「あいうえおの法則」というのをご存知ですか？　世の中には、色々な「ありがとうの法則」が存在していますが、今回は、その中でも、私が一番お気に入りのものをご紹介させていただきます。

「あ」は「ありがとうのあ」

付き合い始めの頃は、何をしてもらっても新鮮で、自然と「ありがとう」が言えるもの。でも、付き合いが長くなってくると、「どうせ、言わなくても分かっているだろう」と思って、口に出さなくなってくる人も多いと思います。それではいけません。「ありがとう」というのは、何回、口に出してもいい言葉なんです。

相手に対して、この「ありがとう」という言葉が、心の深い所から自然と沸き上がってくるようになれば、仕事であれ、プライベートであれ、全ての人間関係が上手くいくようになります。また、自分自身に対して「ありがとう」と言ってあげることもすごく大切。

たとえば、朝、目が覚めたら「今日も、目がクリアに見えてありがとう」、１日の仕事を終えたら、「今日も、１日、元気に働いてくれてありがとう」など、どんな場面でも「ありがとう」を口にする機会はありますよね。

以前、あまりに疲れていた時に、匂いが全く分からなくなったことがありました。その時に実感したのは、「ありがとう」という感謝の気持ちがないと、普通に動けて、普通に食べられて、普通に仕事していられることに対して、自分自身に「ありがとう」とは思えないということです。だから、全て、この世は「ありがとう」尽くしなんです。

本当に心の深いところから「ありがとう」と思えるようになると、きっと幸せな人生を送れるようになりますよ。

「い」は「いたわりの心」

周りの人を大切に扱える人というのは、自分にご褒美をあげて、自分を大事にすることができる人です。すでに何度も言っていますが、自分の中が満たされて初めて、家族やパートナー、周りの仕事仲間など、他の人のことも思いやることができるんです。

お互いを労わり合える関係を保てたら、不満も出ないし、別れも訪れないでしょう。逆をいえば、お互いを労わり合えなくなってくると、不満も出るし、苦しくなるし、悲しくなるし、別れも訪れるんですね。だから、人間関係においては、何よりも、労わり合いの精神が大切なんです。

たとえば、社会では立派に活躍しているような人でも、自宅に戻った途端に、家族に対して思いやりのない言動をしてしまっているようでは、いくら日頃、周りの人たちに親切にしていても、自分自身の運気を上げることはできません。まずは、自分の身近な人たちを幸せにすることで、自分自身も幸せになることができるんですよ。

「う」は「うそをつかない」

幸福になるためには、他人に対してだけでなく、自分自身に嘘をつかないことが肝心です。特に一番いけないのは、自分自身に対して嘘をつくことです。そもそも、自分に対して誠実な人というのは、人に対しても嘘をつかないものです。

あなたは、自分という存在に心から「YES」と言えますか？　自分自身のやっていること、言っていること、行動の全てに自信を持って「YES」と言えますか？　何よりもまず、そこが肝心なんです。

恐ろしいことに、一つ小さな嘘をつくことによって、ドンドン嘘で塗り固めていく人生になっていきます。男女関係においての嘘、パートナーシップに関しての嘘、親子関係の嘘、そして自分自身への嘘も含めて、１００パーセント嘘は良くありません。自分自身に対して誠実でいることでしか、真の幸福には辿り着けないんです。

「え」は「えがおでいること」

やっぱり、笑顔というのは万能薬です。免疫力もアップしますし、引き寄せ力も高めることができます。

辛い時こそ口角を上げて、最初は作り笑顔でもいいので、笑顔になる練習をしてください。辛い時に笑顔でいるというのは、正直、かなり大変です。でも、辛い感情をそのまま表情に出していると、ドンドン辛い顔になってしまいます。

笑顔でいるということは、美人への近道なんです。世の中には、お金をかければ、キレイになれることというのは沢山あります。でも、笑顔だけは無償で、誰にでも与えられた美や幸せへのパスポート。もし、笑顔が得意でない人がいたら、笑顔の筋トレを特訓しましょう。そのためには、「笑顔が素敵だな」と思える人の映画や写真などを見ながら、笑顔を作るようにするといいですよ。そのうちに、意識しないでも、自然と笑顔が出てくるようになります。

みなさんの中にも、今現在、大変な状況の方もいらっしゃると思います。そういう人の中で、「笑えないわよ、TAKAKOさん」って思っている方がいるとしたら、まずは思いっ切り泣いてみてください。海でも山でも自然の中へ出かけていって、大きな声で叫んで、マイナスの感情を発散してみてください。

とにかく、ネガティブな感情を心の奥底に溜めておかないことが肝心なんです。そして、泣き疲れたところで、改めて笑う練習をしてみてください。そうすると、以前よりも自然に笑顔を作れるようになっている自分に気付くことでしょう。

どんな人でも、ここまで生きてくれば、心の中に様々なマイナスの思い出やネガティブな感情が溜まっていると思います。これを機に、それらを全て手放してしまいましょう。

これからの人生を豊かに、健康的に過ごしていきたいのであれば、絶対に心にも体にもネガティブな感情を溜めていてはダメ。そういったものが体の中に溜まっていると、様々な病気やマイナスの出来事を引き寄せてしまうから。だから、まずはそれらの毒を全て出し切って、笑顔でそれらを吹き飛ばしてしまいましょう。

「お」は「おもいやりの心」

人間関係においては、思いやりが全てといっても過言ではありません。相手を思いやれる気持ちがどれくらいあるか。これが、その人の心の器の大きさになってくるんです。だから、「おもいやりのお」は、私の中では「大きな心の器」のことも指しています。

私自身の経験から言わせてもらうと、器が小さい男性に限って、自分が「器が小さい」と言われることに対してとても敏感なんです。

生まれつき心の器が大きい人というのは、この世にはいないはずです。心の器というのは、色んなことを経験していく中で、自分の力で、大きく広げていくものなんです。

実際、小さな器では、ほとんど料理も乗せられません。一方、大きな器なら、余裕を持って色々なものが乗せられますよね。それと一緒で、自分の心の器が小さいと、あまり色々なものを乗せられないので、肝心なものを取りこぼしてしまうんです。そうすると、せっかく、人生で新しいご褒美が与えられても、器が小さいので、それを受け入れられないということになります。

ところが、この心の器が小さい人ほど、それを自分の周りの人たちや環境や物事のせいにしてしまうものです。だから、いつまで経っても、心の器が大きくならないんです。一方で、心の器が大きい人というのは、どんどん器のサイズを広げていけるので、それに伴って、世界もどんどん広がっていくんです。

また、心の器が大きい人には、妥協する心や諦めの気持ちがありません。その分、相手を受け入れるキャパシティや物事を受け入れるキャパシティが広いんですね。

陶芸をやったことのある人だったらよく分かると思うのですが、同じ厚さで、同じバランスで、ゆっくりと丁寧に仕上げていかないと、キレイな器というのは完成しないんです。そういったデリケートな感じで、日々、自分の心を鍛錬していかないと、心の器の大きさを広げることはできないんじゃないでしょうか。

そのためには、若い頃は許せなかったことも全て受け入れていくことが肝心。たとえば、パートナーや子供に対して腹が立っていたとしても、これからは優雅に構えて、「いいんじゃない。仕方がないよね」というふうに、相手を受け入れる言葉を口に出せるようになれたら、お互いに楽になりますよね。

「あいうえおの法則」を使って、いい女人生

70
どんな出来事も、自分自身が引き寄せている

人生というのは、常に選択の連続です。人生のどん底ともいうべき、マイナスの経験をした時に、「私ばかりがこんな目に遭って」とか「どうして自分ばかりがこんな裏切りに遭うんだろう」と嘆きながら、ずっとそれを引きずっていくのか、あるいはマイナスの出来事からもプラスの要素を引き出して這い上がっていくのか、その時の選択次第で、その後の人生が大きく変わってくるのは間違いないですね。

前者のように、いつまでもマイナスの出来事を引きずっている人というのは、いわば、心にアザを持っているようなものです。本来は、アザというのは、いずれ消えてしまうものですよね。ところが、中には、こういった心にできたアザを、いつまでも大事に取っておきたい人というのがいるんです。

長い人生の中では、自分に非がなくても、「なぜ、あんなひどい目に遭ってしまったんだろう」とか、「なぜ、あんなひどい人と関わってしまったんだろう」というようなことが往々にしてあります。実際に私自身、そういった悔しい思いをしてきたことも、1度や2度ではありません。

しかし、実は、こういったマイナスの出来事や人間関係というのは、全て自分が引き寄せているんです。それは、自分にも相手と同じような要素があるからで、結局のところ、自分自身にも非があるということ。そこをしっかりと認めていくことで、気分を切り替えて前に進むことができるようになります。

全て自分の身に起こったことは、自分に責任があると理解するということが、いい女としての鉄則なんです。それが分かれば、全ての行動において、慎重に選択していくようになりますよね。相手を責めたり、犯人捜しをすることに、重きを置いている世界に住んでいる時間がもったいないと思います。過去にいつまでも執着をして考えているエネルギーと時間が無駄ですよね。

私自身、「自分にも非がある」と認められるようになったのは、ほんのつい最近のことです。でも、そこを認められるようになったら、一気に心が軽くなって、とても生きやすくなりましたね。

いい女は、マイナスの出来事を引き寄せた自分の責任を認められる

71 物事は考え方、捉え方次第

人生を好転させるためには、何か自分の身に嫌なことが起こった際に、その不快な出来事を「嫌なこと」と捉えてしまうのではなくて、「これから先、きっといい流れになるだろう」、「これは自分にとって必要な経験だったのだ」というように前向きに捉えて、一通過点と思えるかどうかが肝心です。その際には、自分だけでなく、相手のことも責めないようにして、「誰も悪くない」と思えるかどうかが大事なところ。

何か、自分の身にマイナスの出来事が起きた時に、自分の置かれている状況を俯瞰して見ることができて、「これから先の人生の、ほんの一瞬の出来事に過ぎない」と捉えられると、そんなに重大なことでもなかったりします。だから、何かマイナスの出来事が起こった場合でも、そんなに深刻になる必要はないんです。

中には事態を重大に捉え過ぎてしまう人もいますが、済んでしまったことはどうしようもありません。人生というのは巻き戻すことはできないんです。

人生は真剣になる必要はあるけど、深刻になる必要はない。このことを常に念頭に置いておくようにすると、嫌なことがあっても、すぐに気持ちが切り替えられるようになります。

もう一つ大事なことは、人間は挑戦していくことを止めてしまったら、人としての成長はあり得ないということです。挑戦というと、「人生の壮大な目標」をイメージする人もいるかもしれませんが、どんなに小さなことでも、人生は、日々挑戦なんです。

あなたにも今までの人生で、本当はやりたかったけれど挑戦してこなかったことが山のようにあると思います。「自分には向いていないから」、「年齢的に無理だから」、あるいは、「子供がいて手がかかるから」、「旦那が反対するから」など、ご本人にしてみたら、色々と言い分はあると思います。でもこれからは、自分への言い訳を一切止めて、挑戦力を鍛えるようにしましょう。

いつも言い訳ばかりしていると、人生そのものが言い訳で終わってしまいます。だから、これから先は、一切、言い訳というシステムはなくしてしまいましょう。

言い訳をしないと、あとは実践するしかなくなってきます。そうすると、どんどん新たなことに挑戦したくなってくるし、期待以上の結果も得られるようになって、思考そのものが変わってくるんです。

いい女は、真剣にはなるけれど、深刻にはならない

72 やる気は続かない、その気は続く

よく「やる気を出しなさい」と言う人がいますが、実は、人間はやる気だけでは、そこまで気力が続かないのです。〝やる気〟から〝その気〟になって初めて、物事を継続する力が湧いてくるんです。要は、自分で自分の気持ちを乗せることが大切なんですね。すでに、今よりも魅力的な自分になったつもりで、容姿、立ち居振る舞い、言動などを変えていくことによって、いつのまにかイメージ通りの自分や環境を引き寄せていくんです。

何かに挑戦する時には、「自分はすごい」、「自分なら大丈夫」、「自分にしかできない」というくらいの気概を持って、自分を疑わないことが肝心です。自分を信じられない人は、新しいことにも挑戦できないですから。

私がいつも言っているのは、自分の人生に対して、半信半疑をセカンドバックに詰めて行動している人が多いということです。せっかく、目の前ですごくいいことが起こっているのに、「こんなにすごいことが、自分の身に起こってもいいんだろうか」とか、「こんなに上手い話があるんだろうか」とか、「自分がこんなに素晴らしいステージに立たせてもらってもいいんだろうか」と疑いを持ってしまうと、せっかく神様から宇宙の贈り物が届いて

いるのに、エネルギーが半減してしまうんです。私たちのこれから先の人生には、半信半疑というものは必要なくて、自分で人生を切り開いて、幸せになるための道を築いていけばいいんです。

また、恐怖や不安や恐れをセカンドバックに詰めている人というのもいますよね。そういう人はどんなに楽しいパーティーに参加していても、途中でバックのチャックをわざわざ開けて中をチラ見して、不安や恐れの種を見付けることによって、せっかく盛り上がっていたテンションを自ら下げてしまうんです。そんなことではいつまで経っても真の幸福には辿り着けないし、突き抜けることもできません。なぜかといえば、幸せを実感するためには、一度突き抜ける必要があるからです。

周りの人たちと足並みを揃えて、人と自分を見比べているうちは、決して突き抜けることはできません。でも、自分だけの世界を作ってしまえば、周りの人たちから何も言われなくなります。これからは、自分の本当にやりたいことに挑戦し続けて、〝勝ち癖〟を付けるようにしてくださいね。

いい女は、人生は突き抜けることができる

73 今までのルーティンを手放そう

誰にでも、この数十年間引きずってきたマイナスのルーティンというものがあると思います。そのルーティンを思い切って手放すことで、今までとは違った方向に進めるようになります。

ルーティンと聞くと、日頃の生活習慣などを頭に思い浮かべる人も多いと思いますが、実は、思考パターンなどがマイナスのルーティンのままだと、いつまで経っても、運気を上げることができないんです。

たとえば、いつも自分の身を守ることを考えて、安全なほうばかりを選択してきた人は、これから先は思い切って自分がわくわくできるほうを選択してみてくださいね。今までのルーティンを変えることによって、今度は潜在意識や思考まで変わってきます。そして、思考を変えないことには、新しい世界に踏み出すことはできないんです。

以前、潜在意識の先生からも、「1日1回でもいいから、いつもと違うことをしてみてくださいね」と言われました。そうすることによって、潜在意識が動きやすくなるのだそうです。実際に、私の周りで、いつも好奇心のままに変化を楽しんでいる人というのは、次々と良いご縁を引き寄せて、自分の思い通りに人生を演出しています。

この本を手に取ってくれたということは、あなたは、自分の行動パターンを変えて幸せになりたいと願っているわけですよね。今までの人生において、人一倍頑張ってきた人や、がむしゃらに生きてきた人、あるいは、自分を犠牲にして生きてきた人、そういった人たちにこそ、この本の中から生きるヒントを見付けて、もっと気楽に生きていってほしいと願っています。そのためには、まず、この本を読みながら「絶対に幸せになるのだ」と心に誓ってほしいんです。

幸せの形にも色々とありますが、これからは心の中の幸せというものを構築していってほしいですね。そのために、自分がどうありたいか、どうしたら幸せかということを、自分自身に問いかけてみる時間を持つことが大事なのではないでしょうか。今までのルーティンを変えるだけで、何気ない毎日に小さな変化が生まれ、色々な気付きや心の目覚めを感じることでしょう。

いい女は、力の抜き方を知っている

74 心の筋トレで、マイナスの出来事を乗り越える

最近、筋トレをやるようになって実感しているんですが、身体の筋肉というのは、常にトレーニングをしていないと育たないものです。そこから色々と結び付いてきて、心の筋トレとお顔の筋トレというのは、実は比例しているということに気付かされました。

鼻から下の筋肉をしっかりと上げていくと、顔の相が全体的に上がってきます。さらに、顔の相を上げていくと心も自然と上向きになって、骨格自体もキレイに上がってくるんです。つまり、顔と心は繋がっているということ。

常にハートがときめいて、わくわくしている人というのは身体も健康になるだけでなく、お尻や胸まで上がってくるのです。なぜならば、「幸せ、カモ〜ン」となっている人は、胸と心が開いて、口角も上がってと全てが開かれているからです。その結果、チャクラも開いて、人生の流れまで良くなってきます。

一方で、いつも身構えて緊張している人というのは、顔の相もみんな下がってしまって、うつむき加減になっています。

私は、人生で一番辛い時期に、心の中で泣いていても、人前では笑っていました。数年

前に、すごく辛いことがあったんですが、その直後に大切なイベントが控えていました。さすがに楽屋裏では「うわぁ〜」と大泣きしていましたが、人前に出ていく時には、口角をグァ〜と上げて満面の笑みを作っていましたね。

運気を上げたければ、マイナスの出来事があった時ほど、無理にでも口角を上げていくことが大切。もちろん、あまりに辛かったら、泣いてもいいのですよ。私は、一番しんどかった時は、毎日、海に行って泣いていました。その時は、大きなワンちゃんも一緒にいたので、このワンちゃんにも支えられながら生きていましたね。

でも、どんなに辛い時でも、常に心の筋力と口角を上げていくことは忘れてはいけません。自分に向かって、「こんなことは大した問題ではない」、「これから先、もっと楽しいことが待っているから」と言い聞かせることによって、元気筋肉を上げていくんです。

自分で身体の筋肉を鍛えていくような感じで心の筋トレを続けていくと、そのうち、どんなマイナスの出来事にも負けない自分になれますよ。

涙の後には、必ず心に虹がかかる

75 ネガティブ断食のススメ

ある程度の年齢になったら、無駄な人間関係や面倒な人間関係は、みんな断捨離してしまいましょう。なぜなら、今から１００歳くらいまでの間に、さらに、生きるスピードが上がっていくからです。以前は、時速30キロくらいで生きていた人でも、これから先の人生は、時には時速１００キロくらいまでスピードが上がって、あっという間に１日が過ぎていくように感じるでしょう。

だからこそ、不平不満や愚痴を言っている時間は、もったいないですよね。そんな、つい愚痴や不平不満を言ってしまうあなたに、そのネガティブ体質から脱却するための、とっておきの方法をお伝えしましょう。

これから先、自分がマイナスの感情に引きずられそうになったら、できたら3日間、長くて12日間、まずは1日だけでもいいので、ネガティブな思考や発言をしないように心がけましょう。これを、私は「ネガティブ断食」と呼んでいます。

「ネガティブ断食」にはいくつか掟がありますが、まずは、ネガティブシンキングを止めることを心に誓ってください。

もし、1分以上、ネガティブ思考にスイッチが入ってしまうと、ふりだしに戻ってしまうので、お気をつけくださいね。

断食中に、友達がネガティブトークを持ちかけてきても、「そういうこともあるさ！」とポジティブな話題に切り替えるようにしましょう。また、不平不満を口にしそうになったら、代わりに打開策を探しに行きましょう。そうすると、必ず良い情報と巡り合えます。

最後に、ネガティブな気持ちをポジティブな言葉に言い換える訓練をしましょう。その際に、「ありがとう」の魔法を使うのがお勧めです。これを3日間続けられれば、きっと、その先も継続できるはずです。そこから先は、新しい人生のスタートとなることでしょう。

私自身も、ネガティブ断食をするようになってから、人生が整ってきたように思います。また、これまでのマイナスの感情や思い出を全部、感謝で返せるようになりました。とはいうものの、未だに、毎日が勉強だと思っています。あなたもポジティブシンキングを身に付けて、さらに運気を上げていってくださいね。

いい女は、マイナスの感情を感謝で返せる

76 輝ける存在として生きていく

セルフイメージを上げれば上げるほど、人生観が豊かになって、周りに集まってくる人たちも魅力的な人ばかりになって、周りの環境もより良くなっていきます。

反対に、今の自分の状況を振り返って、「周りにいる友達や、仕事関係の人たちが今一つ」と思うようだったら、それは、自分のセルフイメージが下がってきている証拠。そういう時こそ、自分が本来やりたかったことにチャレンジして、自分のセルフイメージを上げていくべきです。その結果、あなたの隣にいるパートナーも、一緒に過ごす友人知人も、さらには周りの風景まで変わってくるはず。これからの人生においては、自分が本来、心に思い描いていた風景を目にすることが肝心なんです。

誰のためでもない、自分のための人生なんですから、自分自身がやりたいように生きていくべきです。よく、「子供のため」とか、「親のため」とか、あるいは「会社のため」とか、「社会のため」などと言っている人がいますが、それでは「自分のため」の人生を生きていることにはならないですよね。

これから先の数十年の人生の中で、自分がいたい場所や感じたいこと、見たい場所ややりたいことなどが明確になって、それらのビジョンを心の中に思い描けた時に、新たな扉がバーンと開くはずです。そのためには、どっちつかずで、あれもいいし、これもやりたいではダメなんですよ。

色々と自分の自由にならない状況におられる方もいらっしゃると思いますが、今後は一切、言い訳はなしにしましょう。そういった状況は一旦脇に置いておいて、まずは、自分自身のことを考えてみてください。なによりも、自分がどうありたいのか、どうしたいのかということを理解することが肝心なんです。

自分の進むべき方向が分かって、それを実践している女性というのは、とても輝いています。その上で、ライトワーカー＝光り輝くワーカーとして、他の人たちを引っ張っていけるような存在になれたら嬉しいですよね。そのためには、人生のメンターや心から信頼できる友人、成功者などと常に繋がりを持っておくことが大事。まずは、自分が目標としている領域まで到達して、自信がついてきたら、後ろで迷っている人たちを導いて上げればいいと思います。そういう段階に到達してこそのいい女なんじゃないでしょうか。

いい女は、ライトワーカーとして周りの人たちを導いていく

77 今までの古いパターンを手放す

この本を手に取って下さっているあなたにお伝えしたいのは、今までの古いパターンを手放した上で、改めて、この本を読んでもらいたいということ。そういったものをホールドしたままでいると、新しいワードを目にしたところで、心の奥までは届かないからです。

古いパターンを手放すためには、特別な時間も空間も必要ありません。まずは、自分の心が解放されるようなBGMをかけてリラックスしてください。最近は、「YOUTUBE」の中でも、「心を開放する」、「手放す」、「浄化」などのリラクゼーション音楽というのが配信されています。私は「波の音」がお気に入りで、よく聴いています。

まずは、目を閉じて、思いっ切り鼻から息を吸い込んで深呼吸をしていきます。そして、今までの自分の心の痛みや恐れ、恐怖などを、「ふ〜」と言いながら少しずつ吐き出していきます。その時点で、自分のそういった古いパターンを「手放せた」と思えたら、改めて、この本を手に取ってみてください。様々なメッセージが、すんなりと心にしみ込んでいくでしょう。

本来は、誰もが無限の可能性に満ちた存在です。その可能性を伸ばすためには、「心の器を広げて、この世に降り注ぐ全ての幸せと愛と豊かさを受け取る心の準備ができています」と心から口にできることが大切。

神様や宇宙からのギフトというのは、心の準備ができていない人の元へは決して届かないんです。せっかく、宇宙からのギフトが届いても、ネガティブ要素や、恐れや恐怖をホールドしたままでいると、そのギフトを受け取ることができません。だからこそ、常に前向きで、パワフルな気持ちでいることが肝心なんです。

物事が上手くいくかどうかというのは、自分にどれくらいの価値を見出せるかにかかっています。本来は、こうして毎日を無事に生かされているだけでも奇跡なんです。その奇跡的な時間の中で、「自分はこれくらいの評価や報酬に値する人間だ」と思えるかどうかが重要なポイントです。どんな状況においても、大事なのは選択と集中。そのため、あっちもこっちもと欲張って手を付けてしまうと、結局、どっちつかずになってしまいます。

だからこそ、「自分が何をしている時が、一番幸せを感じるか」ということを常に念頭に置きながら、自分の目指す幸福に向かって行動すべきなんですよね。

神様や宇宙からのギフトを受け取るための心の準備をする

78 いい女は無敵

物事を捉える際に、チマチマした考え方にフォーカスを合わせてしまう人というのは、まだまだ自分が見えていないんだと思います。でも、そこを突き抜けてしまえば、もっと全体を俯瞰して見られるようになるし、人からのマイナスの言葉なども耳に入らなくなってくるものです。

一度きりの人生なので、どんな女性にも突き抜けていってほしいですね。そのためには、覚悟を決めるということが肝心です。私の周りを見ていても、覚悟を決められる人というのは必ず成功していきますね。そういう人たちは、絶対に、いい加減な仕事はしません。適当な仕事をすれば、当然のように、それなりの結果しか得られませんからね。

ともかく、「絶対に幸せを手に入れる」と覚悟をすれば、そちらに向かって進んでいくしかないでしょう。

生きていく中で、幾度となく心に重圧を感じる時があるかと思いますが、そういった思いや状況に負けることなく、プレッシャーを楽しめるようになってほしいと思います。重圧とか心の重さというのは、自分にも誰にも目には見えないもの。その見えないものに対して臆病になったり、不安や恐れを感じて、自分でどんどん心や体を重たくしていっているんですよね。あなたは、そういった思考の世界に行かないですむように、この本を手に取ったのですから、もう大丈夫なんですよ。

実際に人生の中では、腹をくくって対処しなければいけない場面というのが何度かあります。そして、大変な状況に置かれた時でも、覚悟を決めてしまえば何とかなるものです。私自身、ここぞという人生の舞台に立たされた時には覚悟を決めて、自信が湧いてくるような言葉を自分自身に送るようにしています。「私だからきっとできる！」、「大丈夫、私ならできる！」、「これくらいのことは乗り越えられるよ」とかね。

このように、自分を底上げするためには、自分自身を守るための「励ましの言葉」というものが必要なんです。「私だからできる」という言葉には、あなたから最大の自信を引き出して、自分の能力を最大限に発揮できる場所へといざなってくれるパワーがあるんです。

いい女は、プレッシャーを楽しめる

79 潜在意識を使って、引き寄せ力を高める

どんな人にも魂というものがあって、魂というのは、いわば、その人の気持ちやハートのことを指しています。その魂に同調して動くのが意識です。

たとえば、「こうなるといいな」と漠然と思っているだけでは、願いというのは叶いません。ところが、その願いに対して具体的な想像をして、うきうきと心が乗ってくると、引き寄せ力が強くなるんです。ところが、この引き寄せ力には、プラスの願いだけでなく、マイナスの思いなどにも同調してしまうといった特性があります。なぜなら、潜在意識というのは、いいことも悪いことも区別が付かないからです。そのため、自分がマイナスのことを想像して、そこに気持ちを乗せてしまうと、マイナスの方向に引っ張られてしまうんです。だから、悪いことばかりが続く人というのは、基本的に、ネガティブ要素が強い人なんです。だからこそ、わくわくすることや楽しいことだけを想像して、そこに気持ちを乗せていったほうが人生はどんどん開けていくし、自分自身の気持ちも楽になるんですよ。

これまで、自分という素材をどうやって調理してきたかで、これから先の人生が決まってきます。ある時期までは、親に育ててもらってきたにせよ、大人になってからは、自分

で自分を育ててきた部分が大きいですよね。反対にいえば、自分で自分を教育してこなかった人というのは、この齢になっても様々な人間関係などで苦労しているんじゃないでしょうか。結局、自分の素材を上手く生かすも殺すも、自分次第なんです。

人間というのは、自分自身のことは、なかなか理解できないものです。若い頃から、色々と自己啓発系のセミナーに参加してきましたが、どの人も、みんな「人のことはよく分かるのに、自分自身のことが一番分からない」と言っています。まさに、生涯かけて自分探しをしていくのが人生なんですね。

人生というのは、自分探しをするための旅でもありますが、人生で何を学ぶかといえば、それは愛です。ともかく、何をやるにも、「そこに愛があるかどうか」ということが重要。愛を持って人と接することができるか、愛を持って仕事に取り組めるか、さらに、自分自身を心から愛することができるかということが大切で、まさに、人生の目標というのは愛といっても過言ではないのです。かのボブ・マーリーも言っていますよ、「ONE LOVE, ONE HEART」ってね。

いい女は、何事にも愛を持って接することができる

80 潜在意識を最大限に開花させる方法

数年前に、色々なセミナーに通って、潜在意識の本などを次々と読み漁っていたら、頭の整理が追い付かなくなったことがありました。潜在意識を使うということは理解できたものの、それを継続していくのが困難だったんです。

その時点で、潜在意識を使い始めて１年半ぐらい経っていたのですが、なかなか自分の思い通りに人生が進んでいかないので悩んでいた時に巡り合ったのが、ＭＳＰ（マキシマム・ステート・プログラム）でした。ＭＳＰというのは、元々、福岡の青木勇一郎先生が開発したもので、心と体と脳を最高の状態にすることができるプログラムです。

この青木先生のお弟子さんの城間《しろま》先生という方が、ある日、私の個人セッションに訪ねてこられました。その城間先生に「今日はどのようなご要望があっていらっしゃったんですか？」とお聞きしたところ、「ただＴＡＫＡＫＯさんという存在に会いたくてお伺いしました」と言われたんです。

私の個人セッションというのは、１時間半という枠組みの中でメイクを教えたり、その人の望みを聴いた上で色々とアドバイスしていくものなので女性が中心です。そのため、城間先生が、ただ私に会いたいという理由だけでセッションを申し込んでくださったのと、城間先生が男性だったということにも驚きました。

その日、城間先生の前のお客様は、「ミセスユニバース」の最終審査に残っていた女性でした。私は、過去に何度か、ミセスユニバースやミスユニバースの審査員をさせていただいたことがあるので、よくこういった相談を受けるんです。その女性が、「私は、どうしても今回の大会で優勝したいんです」と言うので、彼女の全身をチェックしてみたところ、すごく身体が歪んでいたんです。そこで、正直に「その立ち方で、その歩き方だと、優勝は難しいと思います」とお伝えしました。

その上で、城間先生が身体のことに詳しい方だったので、「先生、この方を何とか優勝させてあげたいのだけど、この身体のままでは、ちょっと難しいですよね」と相談したところ、城間先生があっという間に、その女性の身体の歪みを整体で治してしまったんです。それで、「ああ、この先生はすごいなあ」と感激しましたし、ミセスユニバースの女性も喜んで帰っていかれました。これが、MSPの城間先生との出会いでした。

これをきっかけに、私もハードなスケジュールの中で、最高にいい状態を保つために、MSPのエネルギー療法を受けるようになりました。

エネルギー療法を受けると、身体だけでなく、メンタル面でのエネルギーも底上げされるので、「これで新たなステージに上がれるぞ」とやる気が湧いてきます。まずは、思考が大きく変わって、病気がちな人は免疫力が上がります。

今まで潜在意識の本を読んだりしても、エネルギーの使い方が分からなかったのですが、難しく考えることなく、潜在意識へのアプローチが無意識のうちにできるようになりました。その結果、体と潜在意識を自然と使えるようになって、心がぶれることもほとんどなくなりました。また、体のパフォーマンスも最高に発揮できるようになったので、各界のトップアスリートや成功者の方々が、このエネルギー療法を受けて、実績を伸ばしているのがよく分かりました。

みなさんも、潜在意識を上手く使って、最高のパフォーマンスを発揮してみてくださいね。私はこれから先も、益々エネルギッシュに活躍していきたいと思います。

潜在意識を使って、心と体のパフォーマンスを最高に発揮する

18

本当の自分に出会った時がもう一つの誕生日

人生100年時代を迎えた今の日本では、40~50代というのは人生のちょうど半分くらいの時期。今までの人生を一つ目の人生とすると、これからがもう一つの人生の始まり。「もう50歳」ではなく、やっと半分の「まだ50歳」で、次の人生が始まる新たな誕生日ができるということ。そう考えると、40代以降は本当の自分と出会えるようにしたいものです。

今までの人生で、あなたは何を学んで、どれくらいの体験を積んできたと思いますか？ここまで生きてくれれば、おそらく、どんな人にも語るべきドラマというものがあると思います。これから先の数十年間、まさに、そういった自分自身の学びや体験を披露するステージが待っているんです。

年齢の話をすると、日本では「歳を取る」といいますが、アメリカでは「grow old」と表現します。日本では、歳を取ることはあまりいい意味には使われませんが、アメリカ人の感覚としては、「自分自身を育てながら、齢を重ねていく」といったニュアンスです。

本当の自分に出会った時が、次の人生を生きるためのもう一つの誕生日。本当の自分と向き合った時に、「自分の心は、本当はどうしたいのか」ということが分かった途端に、次のステージへの扉が開くんです。その結果、朝目覚めた時に、「そう、これが人生だよ～！」、「ＹＥＳ！」という幸せ感が漲《みなぎ》ってくるようになれば本物です。

でも、本当の自分に向き合えていない人というのは、朝起きるなり、色々と不平不満が出てくるのです。朝起きるなり不機嫌になるということは、全くもって、自分の心に誠実に生きていない証拠。

いったいどれくらいの人が、この本を読んで本当の自分に出会って、もう一つの誕生日を迎えられるんだろうと思うと、わくわくしてきますね。これからは、自分が本当にやりたいことだったり、使命だったり、社会貢献だったり、そういったものを叶えていく時期。さすがに数十年も生きてくれば、良くも悪くも、自分のことは理解できていることでしょう。

問題は、自分がどういう人間か理解した上で、世の中のために何ができるかということ。今後の人生を、どうやって生きていくべきか、そこを見据えて行動し始めた人だけが、人生でもう一つの誕生日を迎えられるんです。

自分に正直でいると、もう一つの誕生日を迎えられる

82

死ぬまでに成し遂げたいこと100リスト

自分の思いつくままに、「死ぬまでに成し遂げたいこと100」リストを書いていくと、色々と夢が膨らみます。果たして、100歳までにそのうちの何個が叶っているのかと想像するのも楽しいですよね。私自身、3年くらい前から書き始めて、すでに66個までは書いてあるんですが、意外と100まで埋めていく作業というのは大変なんです。でも、思いつくままに書いていくだけでも、どんどん夢が広がっていきますよ。

中には、ノートに書き出しても叶わなかったこともありますけど、そういった場合には、神様が「そっちに行かなくていいよ」と導いてくれたのだと思っています。実際に、そういったリストを改めて見直してみると、すごくレベルの低いことを書いていたりするんです。一方で、心から叶えたいと思ったことは、徐々に叶ってきているのがよく分かります。書くというのはすごく大事なことで、おそらく、ノートに願い事を書き出した時点で、未来に向けて発信しているのだと思います。だから、あなたもこのページを目にした時点で、徐々にでも、「死ぬまでに成し遂げたいこと100」を書き始めるといいですよ。

一つ例を挙げると、私のリストの中に「絵を描く」というのがありました。幼少の頃には、ずっと花の絵などを描いていたし、大人になってからも日本画などを描いていたんですが、ここ10年間くらいは絵を描くことから遠ざかっていたんです。

ところが2年前、ロンドンを旅した時に、仲良しの「Ｓｗｉｎｇ Ｏｕｔ Ｓｉｓｔｅｒ」のスタジオへ行ったら、ボーカルのコリーンが私の顔を描いてくれたんですよ。それがすごく嬉しかったので、お返しに彼女の顔を描いたところ、次の日に、彼女が持ち運びのできるスケッチブックをプレゼントしてくれたんです。そこで、彼女のマネをして持ち運び用の水彩のパレットを買ってきて、またスタジオへ行って、二人の顔をずっと描いていました。すると、二人がすごく褒めてくれたので、調子に乗って、さらに大きいスケッチブックを買ってきたんです。そこから、ホテルのロビーで宿泊客の顔を描いてみたり、ロンドンの地下鉄で乗客の顔をスケッチしたりと、すっかり絵の世界にはまってしまいました。

これなどは、まさに、リストに書いたことによる引き寄せの結果だと思いますね。どうぞ、あなたも「死ぬまでに成し遂げたいこと１００」のリストを作って、どんどん夢を叶えていってくださいね。

願い事をリストに書くと、引き寄せ力が高まる

100 Things to do
before you die

死ぬまでに成し遂げたいこと

100 リスト

1.

2.

3.

4.

5.

6.

7.

8.

9.

10.

11.

12.

13.

14.

15.

16.

17.

18.

19.

20.

21.

22.

23.

24.

25.

26.

27.

28.

29.

30.

31.

32.

33.

34.

35.

36.

37.

38.

39.

40.

41.

42.

43.

44.

45.

46.

47.

48.

49.

50.

51.

52.

53.

54.

55.

56.

57.

58.

59.

60.

61.

62.

63.

64.

65.

66.

67.

68.

69.

70.

71.

72.

73.

74.

75.

76.

77.

78.

79.

80.

81.

82.

83.

84.

85.

86.

87.

88.

89.

90.

91.

92.

93.

94.

95.

96.

97.

98.

99.

100.

83 幸せのミルフィーユを重ねていく

この齢になって分かったことは、常に「幸せになる」と意識していないと、幸せになることはできないということです。その辺を理解していないと、無意識のうちに、不幸せになる方向に行ってしまいます。そうならないためには、毎日を丁寧に生きることが大切。幸せのミルフィーユの層がどれだけ重なっているかで、一日の終わりに幸福感を感じられるかどうかが決まってきますから。

「今日も一日、無事に過ごせて良かった。幸せだったなあ」と満足しながら眠りに就くのか、「今日もあんなに嫌なことがあった」、「あの人からこんなことを言われてしまった」と不満を抱きながら眠りに就くのか、その辺の意識の差というのは、すごく大きいと思いますね。

結局、幸福も健康も美も、自分で意識して作っていくしかないんです。そのために、美意識という言葉があるんですよ。また、顔の表情一つとっても、意識筋という言葉があるくらい、意識一つで顔の相まで変わってしまいます。

メイクをする時にも、この意識筋を意識しながらメイクするようにしましょう。よく笑顔を作って頬を上げてから、そこにチークを乗せるという方はいらっしゃいますが、私の場合は、3回笑顔を作って痛いくらいに頬をパンパンに張った上で、一番高いところにチークを乗せるように指導しています。そうやって、「ここまで頬が上がっているんだよ」と自分の意識筋に教えてあげることが大切なんです。

若い頃は美人かどうかというのは、生まれつきの要素で決まってくる部分が大きいと思います。でも、齢を重ねていくうちに、「美しくなりたい」という美意識や、そのための日々の努力や、自分の好きなものに囲まれた暮らしなど、後天的要素のほうが大きくなってくるんです。まさに、美というものは磨けば磨くほど輝いてくるものなので、内面から輝いている美人というのはダイヤモンドよりも価値があるんですね。

顔の表情筋と脳というのはリンクしているので、顔つきというのは脳で作られています。年齢を重ねていくと、良くも悪くも思考がそのまま顔に表れてきます。だから、不平不満ばかり言っている人は、口角がすごく下がってブルドックゾーンも落ちてくるし、ほうれい線もくっきりと出てしまうんです。まさに、「美は1日にしてならず」。日々、美意識を使って、幸福と美の両方を手に入れてしまいましょう。

いい女は、内面からダイヤモンドのように輝きを放つ

84

宇宙貯金の貯め方

宇宙の法則というのは、良いことも悪いことも、全て自分に返ってくるというものです。自分のためでなく、人のために心から何かをしてあげることによって、それが宇宙銀行に運や金運として貯金されていきます。逆に、人に迷惑をかけたり、自分本位になっていると、宇宙貯金がどんどん減っていってしまいます。

しかも、皮肉なことに、徳を積んだエネルギーというのは少しずつ貯まっていくのですが、人に嫌なことをしたネガティブなエネルギーというのは、一気に減ってしまうんです。これは、ネガティブなエネルギーのほうがより強力で、人に嫌な思いをさせてしまう力が強いために、運の貯金も一気に減ってしまうためです。

見返りを求めずに、人や地球に対して奉仕することで、宇宙貯金が貯まっていきます。また、人を感動させたり、人を喜ばせたりすることも、全て貯金されていきます。いつも相手が喜びを感じることを心からしてあげていると、自分に悪いことが起こった時に、宇宙から貯金が返ってきて、人から助けてもらえたり、いいタイミングで物事が起こったり、いいご縁に繫がったりできるんです。これが宇宙貯金の原理なんです。

たとえば、誰かと仕事をする際にも、「この人と仕事をしておくと、人脈が広がりそうだから」とか「儲かりそうだから」といった損得の感情で引き受けるよりも、「このプロジェクトは面白そうだから」とか、「この人にすごく魅力を感じるから」といった理由で引き受けたほうが、その仕事はより発展します。

だから、「人が見ていないからいいや」と言って、陰で悪いことをしていてはダメ。よく「お天道様は見ているよ」といいますが、宇宙貯金が一気に減ってしまうんです。また、そういうことをプライベートでやってしまう人というのは、大体、仕事においても、人の見ていないところでは手を抜く傾向にありますね。そして、そういうことを陰でやっていると、宇宙貯金が減るだけでなく、人相も悪くなってしまうのです。

あなたも、見返りを期待することなく、奉仕の心でもって人や物事に接することを心がけてみてはいかがでしょうか？　宇宙貯金は無限のパワーを秘めているのですから。

いい女は、自然に宇宙貯金が貯まっていく

85 自分の人生のテーマを決める

「どうしたら、幸せになれるのか？」ということは、いくら自己啓発本を読んでみても答えは見つからないと思います。やはり、何か新しいことを始めてみるとか、行動してみないことには、道は開けてこないからです。

以前、潜在意識の活用法を学んでいたジョイ石井先生から教わったんですが、幸せになる習慣を身に付けるために、お勧めの方法があります。

まずは、色紙を用意して、自分がどういう人生を送っていきたいかという思いを、漢字一文字に託して筆で書きます。それを部屋の一番目立つところに飾っておきます。毎朝、毎晩、その文字を目にしているうちに、二つの選択肢があった場合に、「どちらを選択したら、自分が選んだ思いに近いかな」と考えて行動するようになります。そして、大体、3か月～半年後には、思い通りの人生を引き寄せられるようになるんです。

私は直感的に「華やか」という言葉に決めたので、色紙に「華」と書きました。そして、人生のテーマを「華やか」と決めた途端に、食事に行くお店や身に付ける洋服、メイクなどでも、より華やかなほうを選ぶようになりました。さらに、アメリカのハリウッドで、毎年、映画関係のヘアメイクの仕事をさせていただくようになりましたし、アカデミー賞の会場では、自分が開発した「TAKAKOブランド」の発表会もさせていただきました。

つまり、毎日、色紙を目にすることによって、潜在意識にその「華」という言葉が脳内にインプットされた結果、華やかな現実を引き寄せるようになったんです。

もし、すぐにでも結果を出したい方は、色紙の文字を写メに撮って、携帯電話の中に保存しておいて、時折、それを取り出して眺めてみてはいかがでしょうか。1日に何度も、自分の選んだ文字を目にすることで、より強力に脳内にインプットすることができます。

たとえば、ご自分の短気で悩んでいるとしたら、「和」という文字を選んでみてもいいかもしれません。徐々に、「怒らない方」を選択するようになって、心も穏やかになってくるでしょう。また、仕事や周りの人たちとの人間関係でも「調和」を保てるようになるでしょう。このように、幸せになるためには、幸せを引き寄せるための習慣を身に付けて、潜在意識を活用することが肝心です。まずは、色紙と筆を用意して、あなたのとっておきの1文字を書いてみてください。早い人は、すぐにでも、その効果を実感できることでしょう。

いい女は、言霊のパワーを知っている

86

相手の気持ちに寄り添える人になる

幸せになるためには、まずは、大人のいい女として、相手の気持ちに寄り添えるようになる必要があります。たとえば、優しさ一つとっても、ただ黙って話を聴いてあげる優しさとか、具体的なアドバイスをしてあげる優しさとか、あるいは、遠くからそっと見守っている優しさとか、色んなタイプの優しさがありますよね。もし、相手が望んでいないのに、一方的に優しさを与えようとしたら、それは単なる押し付けになってしまう可能性もあります。

それと、誰に対しても裏表がないということも、人としてすごく大切なことだと思います。周りの人たちを見ていると、その場を取り繕うために建前を言っている人が多いように思いますね。まあ、これは、日本人に限った話でなく、世界中でそうかもしれません。それでいて、後になってから、陰で悪口を言っている人も少なくないんですよね。

基本的に、人の悪口や誰かの批判を口にしないというのは、幸せになるためにも、すごく重要なことです。

いいことも悪いことも、そのまま自分に返ってくるという宇宙貯金の話をしたと思いますが、人に嫌なことをすると、この宇宙貯金から運や金運が逃げていってしまうのです。

しかも、どちらかといえば、徳を積んだプラスのエネルギーよりも、人に嫌なことをしたマイナスのエネルギーの方が、一気に減っていってしまうのです。だからこそ、人を傷つけることが平気になっているような人とは、なるべく距離を置くことをお勧めします。

また、大人になると「あいつはダメだ」とか、「あの人は、ああいうところが良くない」と言っている人をよく見かけますが、人のことを批判していると、自己評価というエネルギーもどんどん下がってしまいます。要するに、人のことはどうでもいいんです。人を非難したり、批判したりしている時間もエネルギーももったいないんです。まずは、自分自身がどうあるべきなのかということが最も大事なので、人のエネルギーを下げたり、自分自身のエネルギーも下げたりしないのが一番だと思いますね。

幸せになるためには、自分の周りの人たちと労わり合いながら、心を重ねて生きていくことがとても重要。まずは、自分自身が裏表のない人間になって、周りの人たちに思いやりを持って接していくようにしましょう。

いい女は、人の悪口や批判を一切口にしない

87
幸せを受け取る許可証を自分に発行する

幸せになるためには、いくつか段階があります。まずは過去数十年分の人生の浄化をして、過去を手放すことによって心が解放されます。その上で、自分に幸せを受け取る許可を与えてあげる必要があります。世の中に、「幸せになりたい」と思っている女性は沢山いますが、なかなかそれが叶わないのは、実はこの「幸せを受け取る許可」を自分に与えていないからなんです。

さらに、幸せを受け取る許可を与えるだけでなく、自分がどうありたいかということをイメージしていくことが肝心。そうやって、セルフイメージをどんどん上げていくことによって引き寄せ力が高まって、出会う人や自分の周りの環境というのが変わっていくんです。そういった変化をわくわくと楽しんでいくと、いいご縁を引き寄せられるはずですよ。

思い通りの人生を引き寄せるために重要なのは、選択と集中です。何か目標を決めたら、そこからぶれないで、まっすぐに突き進めばいいんです。たとえば、「自由に生きる」ということを選択したら、好き勝手にするという意味ではなく、きちんと責任を持ちながら自由に生きていくようにするんです。

やはり、何事も覚悟を決めてやることが肝心で、「あっちもいいけれど、こっちもいい」というような生半可な気持ちでは、なかなか目標にはたどり着けません。覚悟と選択と集中、その中のどれか一つが欠けても不十分なんですね。

よく、「好きな仕事では食べていけないので副業をしています」という女性がいますが、こういう場合も、副業のほうに時間やエネルギーを取られてしまって、本来、やりたかったことから遠ざかってしまっている場合が多いようです。

二十歳でニューヨークに渡った際に、私の周りのプロを目指して渡米していた人たちが、「生活のために」といって目指していた職業でない仕事をしているうちに、本来の目標から遠ざかって、挫折していくのを沢山見てきました。

なかなか夢が叶わない人というのは、結局のところ、「絶対に夢を叶えてやる」という覚悟が足りないんじゃないかと思います。せっかく1度きりの人生なんですから、自分の本来の目標に向かって突き進んでくださいね。

いい女には覚悟と選択と集中の３つの要素が不可欠

88

人生という大海で、何を釣り上げたいのか

人生というのは壮大な海のようなもので、人によって、そこで何を釣り上げられるかが違ってきます。そのためには、自分の釣り竿を投げ入れた時に、どういう餌を付けるかが重要。たとえば、愛という餌を付けて自分の人生という海に投げ入れたら、いったい何が釣り上がってくると思いますか？　あるいは、喜びや幸せという餌を付けたら、何が釣り上がってくるでしょうか。おそらく、愛を投げ入れれば愛が、喜びや幸せを投げ入れれば、同じように喜びや幸せが返ってくることでしょう。

ところが、逆に、不安という餌を付けて、自分の人生という海にポ〜ンと投げ入れると、当然のように、不安が好きな魚ばかりが寄ってくるんです。さらに、大きな餌で不安を投げ入れると、ものすごく大きな不安が釣れてしまいます。

だからこそ、人生という海には、いい餌、つまり、いい心を投げ入れる必要があるんです。釣り竿の先に愛という餌を付けて、「愛だよ〜」「愛が釣れますように」と念じながら、人生という海に投げ入れれば、必ず、それに値する量の愛が釣り上げられるはずです。

こういった人生の法則が理解できると、自分が朝起きて、「今日は、何を引き寄せよう

かな」と思った時に、どんなことをイメージするかで、その日1日の流れが決まってしまうというのがよく分かりますよね。もし、朝から「肩が痛い」とか「更年期で辛い」とか、「子供たちも生意気だし」なんてマイナスの連想をして、それらを釣り竿に付けてしまうと、当然のように、マイナスの出来事ばかりが身の周りに起こってきます。

たとえ朝起きた時に体調が優れなくても、「いや、これは気のせいだ」とか、「これくらいはたいしたことはない」と思うことが大切。代わりに、「今日は、素敵な1日にしよう」と心に決めて、パシッと気分を切り替えられると、絶対に幸せな1日を引き寄せられるでしょう。その結果、久しぶりに、友達から電話がかかってきて、「すごく、いいお知らせがあるよ～」というようなことが現実に起こったりするんです。

こういった切り替えができる人というのは、これから先の数十年間、すごく楽に生きられるはず。反対に、周りのネガティブな影響を受けやすい人というのは、どんどん人生が悪化していくんです。今までそのことに気づけなかった人は、そういった人生の法則というものを理解して、プラスの人生を引き寄せるようにしましょう。

いい女は、人生の釣り師

89
思考のシステムを転換する

私のセミナーに参加した女性の中で、50〜60代になってもまだ、「自分の人生に納得していないんです」とか、「私の人生はこんなはずではないんです」と言っている女性が何人かいました。そういう女性たちに、「じゃあ、どういう人生だったら納得できるのですか？」と問いかけてみても、言い訳ばかりをして、結局、そこから抜け出せないということが多いんです。

一方で、私の言うことに素直に耳を傾けて、「私、間違っていましたね」と言って、思考のシステムを根本的に変えられる人というのは、どんどん幸せになっていきます。だから、あなたもこの本を読んで、思考のシステムを変えることができれば、同じように幸せになれるはずです。

そのためには、自分の思考のシステムを180度転換させるべき。最近は〝断捨離ブーム〟で部屋の片づけをする人は多いんですが、結局、メンタルや思考が断捨離できていなかったら全く意味がないんです。人間関係も同様で、夫婦や家族、会社での立場など、「自分にとってマイナスだな」と思うような環境にいるとしたら、どんどん断捨離すべきだと思いますね。

宇宙の法則というのは、必要のない学びが終わっている人たちは、自然と離れていくようになっているそうです。

世の中には、不平不満を言いながら、それでも、ずっと一緒にいる関係の方々もいらっしゃいますよね。そんなに相手の方や今ある環境に不満があるのなら、一度、心の奥底にある思いを相手に伝えて、お互いに本音で話し合ってみてはいかがでしょうか。

不平不満が口から出てくるということは、心が納得していない証拠。だから、これから先の人生においては、できるだけ、不平不満が出てこない環境に身を置くことが、いい女としての生き様のような気がします。

パートナーがいてもいなくても、「一人でも楽しく生きていけるんだ」という気概が大切で、そういうわくわくした人生を心に描いていると、そういった楽しい人生を引き寄せられるようになるんです。

これからは、どうか、自分のための人生を生きるようにしてくださいね。

いい女は、いい環境に身を置くことができる

90 地球は大きなテーマパーク

私たちはこの地球上で生まれて、地球上で終わりを迎えます。長い人生の中では、喜びや楽しみだけでなく、悲しみや怒り、失望感なども感じながら生きていきます。でも、考え方一つで、人生そのものが喜びに満ちたものになります。

地球というのは大きなテーマパークで、私たちは一時的に地球に遊びに来ているんだとイメージしてみてください。私たちは、生まれる前に、どこか別の場所にいたわけです。そして、「何だか青くてキレイな惑星があるぞ。水に包まれて、森もあってキレイだな。じゃあ、遊びに行ってみよう」という感覚で、地球にやってきたとします。

これはどういうことかというと、私たちはディズニーランドへ行ったり、温泉旅行に行ったりする時には、「遊びに行く」という感覚になって、心からわくわくと楽しめますよね。そして、「今日は、久しぶりに遊びに来たから」といって記念撮影をしたり、いつもは口にしないようなスイーツを口にしたり、ちょっとまとまったお金を使ってみたりと、いつもとは違う何か特別なことがしたくなるはずです。

自分が地球に遊びに来たという感覚になると、地球が遊び場になるんです。そうすると、これから先の数十年間、苦労や我慢といった感覚がほとんどなくなるような気がしませんか？　このようにガラッと意識を変えることで、毎日が本当に楽しくなるんです。

仕事に対しても、「やらなければいけない」と思って仕事をするのではなく、「やりがいがあって楽しいな」、「経験を積めて嬉しいな」と思って仕事を進めていくと、より積極的に仕事に取り組めるようになります。

この地球というテーマパークを楽しめるようになると、もっと可能性は広がるし、人生そのものを楽しめるようになります。私たちは誰もが、いずれは、地球からまたどこかに帰っていく存在。だからこそ、自分が今、地球に住んでいる時間を、とことん楽しむという姿勢が大切なんです。みなさんは、よく「幸せになりたい」と口にしますが、実は、今この時が幸せなんです。地球というテーマパークに遊びに来たと思えば、何をしていても楽しいですよね。だから、これからは、もっともっと自由に楽しんでいいと思いますよ。

地球という大きなテーマパークの中で、どんなふうに自分を解き放って、自分を表現して、楽しんでいくかということが重要なんです。

いい女は、地球というテーマパークの楽しみ方を知っている

笑顔の女の子

立木義浩

いつだったか、ばったり、新幹線の駅で彼女と会ったことがある。彼女は、お母さんといっしょだった。ごくふつうの、とても素朴な雰囲気のお母さんだった。母親といっしょに、ちょっとした旅ができるというのは、すてきなことだ、と、そのときに思った。

そんな彼女は、いつも笑っている。笑顔のあふれた女の子、というのが、最初に会ったときからの彼女のイメージである。好奇心も強そうだ。いい意味で、ミーハー。だから、友人がとても多いと推察する。

私は、たくさんの日本の社長たちを撮影してきた。あるシリーズ企画のときに、彼女がヘアメイクを担当してくれた。ヘアメイクの役割としては、撮影がはじまる前に、社長たちの髪や顔を整えるのだが、彼女の場合、根がおしゃべりでサービス精神が旺盛なものだから、とても場がなごむのである。そのうち、彼女は、社長の肩をもみ、マッサージをはじめる。周囲の関係者が恐縮しているなか、彼女のおかげで、社長たちが、カメラの前でいい顔になる。私にとっては、撮る相手がリラックスできているというのは、とてもありがたいことだ。ほんとうに、彼女がいるといないとでは、まったく違った。

そんな彼女が「50歳からのいい女」について書いた。

50歳の女の人というと……と、私は軽く指を折ってみる。子どもがいたとして、その子はいくつくらいだろう、20歳から30歳くらいか……そんな勘定をしたところで、ふと、銀座を歩いてる親子を思い浮かべた。銀座には、母と娘という組み合わせが多い。おとなの、少しリッチな雰囲気が漂う、母と娘——。

娘の買いものにつきあっているのではない。母が娘を、銀座という街に連れてきている。そうやって、若い世代との関係も豊かで、とにかく、50歳からの女性たちというのは、いま、現役バリバリなのだろう。仕事の話ではなく、人生そのものが現役バリバリ。そんな女性たちが、美しいというのは、とてもいいことだ。

50歳をすぎて、仕事でもプライベートでもつきあいが広がり、ますます自信をつけて美しくなる。旦那たちが仕事の合間に立ち食い蕎麦を食べてるときに、イタリアンレストランでランチを楽しむ奥さまたちの光景を、どこかのテレビ番組で見た。

皮肉ではなく、女の時代なのだ。男たちがどう足掻いても、もがいても、女性たちが輝いて活躍する時代なのである。そうやって時代をしなやかに闊歩してきた背中を見ながら、娘たちの世代が社会に出ていく。

そして、女の時代は、ますます繁栄する……。

それは、すでに、目の前にある。

銀座が、いま、女の街になった。昔は、もう少し男がうろつける店があったのだが、いまの銀座は、おとなの女こそが、風景に映える。彼女たちが、銀座の街のにぎやかさを支えている。そういう意味では、日本の資本主義を支えているとさえ思う。

と、少しばかりむずかしく経済のことまで頭をめぐらせつつ、ふと、TAKAKOは、そういう世代の女性たちをサポートしているのだと気づいた。やさしく背中を押している。

いつもの笑顔で。

TAKAKO

18歳よりロンドンやニューヨークのカルチャー最前線でヘアメイクアップアーティストとして活躍。帰国後は「愛されるメイク」の第一人者として音楽業界をはじめ、雑誌・TV・ラジオなど活躍の場を広げ、数多くの著名人のヘアメイクを手がける。現在では政界、芸能人など各界の著名人、また世界のセレブやスーパーモデルのヘアメイクなど、幅広くヘアメイクを担当する一方、美容学校の生徒育成、プライベートレッスン、講演や世界にも通用するコスメプロデュースなど、その活躍の場はさらに広がっている。これまでにのべ10万人以上にメイクを提案。また美を提案するイベント企画を行うほか、美容に関する書籍も多数出版し、ビューティークリエイターとしてますます活躍中。30周年を節目に2018年、ハリウッドのアカデミー賞会場にて「TAKAKOブランド」お披露目デビュー。

https://takako-beauty.com

撮影・立木義浩

おわりに

～もう無理はしなくていいのですよ～

今までの人生を振り返ると、いいことも悪いことも全ては自分がイメージしたものを引き寄せていたということがよく分かります。これからの人生は、いいイメージだけを持ち続けて、半信半疑の人生とは「さよなら」しましょう。

思い通りの人生を引き寄せるのは、実は、簡単なことなんです。そのためには、セルフイメージを引き上げて、その気になってわくわくとした感情と共に、「いい人生になった」ということをイメージし続けることが肝心。すると、潜在意識という自分の相棒が動き出し、いいことだけを引き寄せてくれる力を発揮し始めます。

潜在意識というのは、いいことと悪いことの区別が付かないので、良くも悪くも、あなたが強く思い描いたほうを引き寄せてしまいます。だからこそ、相棒の潜在意識を上手く活用すると、楽に生きられるようになりますよ。

あとは、周りの人たちや全ての物事に対する心からの感謝や、無事に生きているという奇跡に感謝し、「ありがとう」という言葉の魔法を使いながら、新しいステージやご縁を繋いで最高の人生を送ってくださいね。

もしも、この先、何かマイナスの出来事が起こったとしても、無理にでも笑顔を作って、口角を上げるようにしましょう。そうしていると、笑顔の魔法が動き出して、幸せを引き寄せてくれます。

どんなことが起きても、動じることなく、冷静に、柔軟に対応できる心と体を持ち続けていると、マイナスのスパイラルに陥ることもなくなります。すがすがしく力強い女性として、いくつになっても輝いていてくださいね。

泣いても、笑っても、人生は1度っきり。自分らしく、思いっ切り、心から満足できる毎日を送りましょう！

平成三十年十一月吉日

TAKAKO

もう常識《じょうしき》にはとらわれない!
50歳《さい》からのいい女《おんな》

著者　TAKAKO《タカコ》

2018年12月13日　初版発行
2018年12月23日　第2刷発行

発行者　磐﨑文彰
発行所　株式会社かざひの文庫
〒110-0002　東京都台東区上野桜木2-16-21
電話／FAX 03(6322)3231
e-mail:company@kazahinobunko.com　http://www.kazahinobunko.com

発売元　太陽出版
〒113-0033　東京都文京区本郷4-1-14
電話 03(3814)0471　FAX 03(3814)2366
e-mail:info@taiyoshuppan.net　http://www.taiyoshuppan.net

印　刷　シナノパブリッシングプレス
製　本　井上製本所

イラスト　TAKAKO
編集協力　伊藤万里
スペシャルサンクス　立木義浩
SUSAN ROCKEFELLER
セーラーズフォーザシー　井植美奈子
株式会社ファミリーTAKAKO　石河勝弘
YUMIKO MINE

装丁　BLUE DESIGN CONPANY
DTP　KM FACTORY

協力　株式会社石澤研究所(アルジタル)
株式会社アンズコーポレーション(ララヴィ)
株式会社美幸コーポレーション(ミューフル)
株式会社インフィニ
株式会社光研(TAKAKOブランド)
酪農王国オラッチェ
株式会社スターライズジャパンホールディングスリミテッド(レビーナ)
蔡内科皮膚科クリニック
マキシマムステートプログラム協会
グランティース白金台歯科

後援　株式会社よしもとクリエイティブ・エージェンシー

ISBN978-4-88469-948-2